彭树智书信序言集

黄民兴 编

西北大学出版社

·西安·

图书在版编目（CIP）数据

彭树智书信序言集 / 黄民兴编 .-- 西安：西北大学
出版社，2021.6
ISBN 978-7-5604-4762-9

Ⅰ . ①彭⋯　Ⅱ . ①黄⋯　Ⅲ . ①彭树智—书信集
Ⅳ . ① K825.81

中国版本图书馆 CIP 数据核字（2021）第 102508 号

彭树智书信序言集
PENGSHUZHI SHUXIN XUYANJI　　黄民兴　编

责任编辑	马　平	
出版发行	西北大学出版社	
地　　址	西安市太白北路 229 号	**邮　编**　710069
网　　址	http://nwupress.nwu.edu.cn	**E-mail**　xdpress@nwu.edu.cn
电　　话	029-88303593　88302590	
经　　销	全国新华书店	
印　　装	西安华新彩印有限责任公司	
开　　本	787毫米 × 1092毫米　1/16	
印　　张	13.25　　　　**插　页**　20	
字　　数	200 千字	
版　　次	2021 年 6 月第 1 版　2021 年 6 月第 1 次印刷	
书　　号	ISBN 978-7-5604-4762-9	
定　　价	60.00 元	

如有印装质量问题，请与本社联系调换，电话 029-88302966。

前　言

　　彭树智先生是国内著名的历史学和中东研究权威，著作等身。多年来，他辛勤耕耘，诲人不倦，在世界史、中东史和南亚史等领域培养了一批批学有所成的弟子。先生门下的所有弟子，都对他的渊博学识、深刻思想、孜孜不倦、耐心细致留下了深刻印象。为了进一步弘扬彭先生的学术思想和育人理念，我们决定编辑出版一部彭先生的书信、序言和其他学术指导方面的文字的著作，作为对先生九十寿诞的纪念。

　　彭先生先后在西北大学历史系（后来的文博学院，今天的历史学院）和中东研究所任教，曾担任历史系主任、文博学院院长和中东研究所所长，现为中东研究所名誉所长。在长达 60 多年的教学生涯中，他既培养了大批博士和硕士研究生，也长期给本科生任课。笔者就曾经聆听过他上的"世界现代史"大课和有关俄国无政府主义者巴枯宁的选修课。此外，他还培养了多位进修教师。因此，作为一位学术大师和高校教师，他广义上的弟子人数众多，遍布各地，是真正的"桃李遍天下"！

　　本书信序言集包括图片和文字两类，主要内容包括：（1）先生写给学生的书信。（2）先生给学生的著作写的序言。（3）先生给学生赠书时在书的扉页上写的题词。（4）先生接受弟子和同事的访谈。（5）先生有关课题方面的指导。（6）先生对学生论文的修改。（7）其他有关文字。

　　文集在编辑过程中，从图书编辑的需要对个别文章的格式（如访谈）以及少量文章中存在的错别字和标点进行了订正。在此，对编辑本文集付出艰辛劳动的马平编审和桑敬鹏、张娟娟、占昕宇等博士生、硕士研究生表示诚挚谢意！此外，征集文稿时各位弟子提供了大量图片，但从出版的角度无法全部采用，在此表示歉意。

黄民兴

2021 年 4 月 16 日

彭先生在办公室（太白校区）

彭先生给大学生作报告

彭先生在2011年于西北大学召开的"文明交往与世界历史进程"研讨会开幕式上发言

　　彭先生与中东所同事和研究生在所资料室（20世纪90年代初，太白校区原宾馆旧楼）

彭先生与参加博士答辩的答辩委员、秘书和博士生合影（1999年）

民兴：

前函想已收到。读到一月九日来函，更详细地了解到选题的目的和各种条件。对你的提纲，我认为要注意以下几个问题：(一)前人对此问题研究的主要成果和不足，要尽量摸清楚。你查阅了有关国家的博士论文情况，这很好，(个)应进一步查阅其他著作与论文，除多了解研究动态，力争站在这个课题的前沿。也可以通过尾布罗克了解。(二)在查阅材料的基础上，应当确定二、三、四这三章部分的重点问题。这是制订提纲中要解决的关键所在，如是写作时要用力的地方。(三)你细考虑整个提纲五部分的关系，同时，要有新的见解。总之，选题是博士论文的主键、创新是博士论文的灵魂，一定要多下苦功。同尾布罗克谈话时，要尊重化的意见。提纲一经定义，即着手写作，再将情况告诉我。因为时间有限，不必等我的信，我相信你会写好这篇论文。

上次你去高、彭卫谈到想同英国家进行一些合作研究项目，为中国社会生活史化思想及政治史等方面。你可抽时间在学校有关部门同英国汉学家联系一下，看他们愿不愿合作研究什么项目。一有消息，望及时写给嘉合作研究史多卷本等项目，也可以在中国史其他领域合作。

祝
好

彭树智
一九九〇年二月四日

致黄民兴信件手迹

西北大学研究生教师专用稿纸

刘云同志：

　　最近忙吗？

　　前些天我去北京开教材修订会。我主编的《二十世纪中东史》已被评选为"21世纪全国研究生用教材"，由教育部统一负责印行。我此次是为此专去北京，参加讨论修订。修订稿于11月完成，明年6月出书。

　　回来后，才得知你托人给我带来电缆稿。千里送礼物，真使人感动不已。这使我想起犹太哲学家马丁·布伯（Martin Buber, 1878~1965）所说的一段名言：在人类社会中所存在的亲密真挚关系中，师生关系和医患关系是最美好的关系，它超越了社会中的利害关系。我将珍视布伯所说的话。但是，希望今后不必破费，打一电话或写封信，互通信息，让我分享您的成功喜悦，那就最好不过了。

　　　顺祝

好！

彭树智

致刘云信件手迹

卫青同志：

　　寄来贺卡片及信均收到，谢谢！

　　我多次感到，师生情谊是人类最宝贵的情谊。每年新年之际，从一个个贺卡及电讯、信函中，愈增强了这种感受。你虽在南国之边，在我心中却不时牵念。你的勤奋，你的文笔，你的积累，终必学有所成。科学研究需要时间，需要韧性，也需要目标和计划。你在教学第一线，随时从教学中会发现需要研究的问题，可以就其重点、难点，与科学研究相结合，每年研究一两个课题，三年、五年，便会有系列成果。这样，既可提高教学质量，又可提高科研水平。我有一个经验：教学科研，山鸟之两翼，差车之两轮，两相结合，相得益彰，两相脱离，两败俱伤。你可以参考，从结合处找科研生长点。顺祝

　　全家好！

彭树智

2006. 1. 9日北京

北京文隆华　20×20＝400

致于卫青信件手迹

志斌：你好！

　　寄来身份证复印件（两面），请收。

　　此款系陕西省文史馆《三秦文史》刊登我关于《两斋随笔》问题的文章稿酬。他们知道我在北京，也知道我的通讯处，但不知仍要将款寄到西大？这给你添了麻烦。

　　英语学习即将结束，证件即可获得，以后出国就方便了。这是一件大事。我们的中东研究必须走向世界，在国际学坛取得更多的发言权。以后，还可以争取用英语写作。

　　王老师向你和李锐同志致候！

　　　　　　彭树智　1911.12.11. 此字龙枝塔

致韩志斌信件手迹

鸿石：

惊悉王军逝世，不胜悲伤。去时即成诗哀悼，并多次致电不通；又问有关人，给的电话也不通。遗憾之余，只好用王军过去给我的地址，写书信一试。希望能联系上您。

另附《告别王军》诗及说明，以表师生深情厚意，也望您节哀顺事。

如能收到书信，望速来电或来函，以释我心悬念。即致

问好！

电话：010-8732 4163

通讯处：中华人民共和国 北京朝阳区松榆南路38号院3号楼304室

彭树智 2018年7月5日于北京寓所

金儿博士 本色护眼原纸 环保水墨印刷 20x20=400

致鸿石信件手迹

西北大学

中国　西安　710069

Northwest Univrsity
Xi'an 710069, P.R.China

序

彭树智

从20世纪80年代以来，我国对土耳其的研究有了长足的进步，报刊上有价值的论文日渐增多。但是系统的著作或专题性的著作却为数不多，而刘云博士的《土耳其政治现代化》就是其中学术性较高的一本。它是深入研究中东政治现代化课题的新成果，是探索土耳其现代化模式的专门著作。它遵循理论与实践相结合的原则，具体问题具体分析，有不少创新之见，研究是认真的，方法是科学的，探索是成功的。

刘云同志是我的博士研究生，他的这本书是在博士学位论文的基础上加工而成的。我从来主张博士学位论文是一系列开拓性论文为核心，而且在答辩通过之后修改出版面世。现在刘云这样做了，我对这本书的出版比我自己研究成果发表更感到高兴。喜悦之余，我还是重复一下我在刘云论文答辩会上所说的话：知足知不足，有为有不为；认识自我，超越自我！

2001年12月1日于西北大学

地址：西安市太白北路229号　　传真：(029)8302200　　电挂：6011　　20×20=400

《土耳其政治现代化思考》序手迹

草樹知春不久归 百般红紫
斗芳菲 杨花榆荚无才思
惟解漫天作雪飞

此为韩愈晚春诗。韩既为文起八代之衰的宗师，又为元和奇险诗派开山之祖。此诗颇富生活哲理。既赞芳菲百树，又赏杨花榆荚，且有自喻之谦，并有鼓动无才思者敢于创造根具幽默情趣。

彭树智 二〇一五年五月廿三于北京枯榆斋

毕书赠 倩红同志

彭先生给张倩红题词手迹

年年都有送的新年贺卡，君见娇健工整的字迹，如见君面。师生情谊时显临际。岁近丙申，福雅献瑞，遥祝诸事顺遂，全家安康。随书问好。

纵浪大化中，不喜亦不惧。书题陶渊明神释诗句

李凡同志

彭柯玙

二〇一六年一月廿七日

此京枯榆春

彭先生给李凡题词手迹

彭先生给于卫青题词手迹

师门三载
思情永铭

喜见与乐读

（六句七言诗）

传忠

公元2018年10月19日

喜见朱崖挪云起，
乐读传忠博士書。
勤谨所得多新意，
价值定位文明史。
老迈无力本前序，
年逢米寿题小诗。

　二○一八年十月廿八日，授朱传忠《土耳其正义与发展党研究》，睹物思人，未能如约写序，至为遗憾，然仍十分高兴其面世。是夜三时四七分，披衣而起，草成此诗，以述不忘。须知：见后来者成果，比我自己出书还高兴十倍！享隆记于松柏斋，由此享想系洛阳。一片冰心在玉壶。

彭先生给朱传忠题词手迹

起居時，飲食節，寒、暑避，則身利而壽命益。

時，春夏秋冬，四世。白居易贈友詩，時令一反常生美疢美病。

右為晉子·彤勢篇中養生益壽延年「九字箴言」，君增「心氣平」三字就更有益于身心健康了。九字甚少，知行合一確不易，再加三字，完全做到，更不易了。更其不易，更要知行合一。

京隱 二〇一七年十二月十日。歲在丁酉，日在⋯⋯歲，書于抱病著降年八十七歲。

加三共生

低健九字箴言，贈开运，共勉。

京隱 二〇一九年十一月三日于此京松橋室 時年八十九歲。

彭先生给冀开运题词手迹

铁铮、民文、丽英、志诚诸同志：

《中东史》已进入修改和定稿阶段，有几件事请考虑：

1）图文并茂是本书特点之一。在收集图时，注意多样性，如图片之外的地图、照片、图画（甚至好的漫画、美术作品）、表（图表、统计），也注意收集历史上的战役、典籍原件照片、社会生活、会议、科技创造、等等。关键之处是图与文的水乳交融，配合密切，或为文字的形象再现反映，或为文字的补充、引伸。最为理想的图文并茂，应该是：文字清楚、简明、干净，图要朴实、美雅而有灵气。图尤有中东地区特有的历史、文化神韵，给读者以时间感、空间感和人间感，以体现某物质、精神、制度、生态的地区生活境界。选用时注意版权（思索作者书），并加以精选。

2）仔细编好各部分年表，把"区之大事"编入，方求反映概貌。

3）参考书目按《中东国际通史》加中英文双栏处理。

4）译名对照世界主要的人、地、专有名词，目的是供阅读时查阅。

5）索引只按主题词，由出版社来编处理，作者只提中外文构成排列即可。

6）近读志诚写的几章，深感细节之高，因此，我建议将（这作）格对后的意见及第3条复印了作，供其他部份借阅。我感到在出书之前，要关注"细节决定成败"这一课，在细微之处再下一番功夫。

请铁铮将我给志诚的信、转给他，同时把3作者印件及本信（也各部作）转给民文、丽英、志诚，原件由铁铮存用。

假期期间，还方烦劳诸位作以上工作，谨表谢意。顺祝各位同志春节好，并且各位同志的家人感谢支持，祝贺春节。我在此衷心祝福您们，让我为同完成《中东史》同仁素迢迢表春节和2009年的力耕致了衷心的祝贺。

彭树智

2009.1.14，此草拟拟写。

彭先生给《中东史》写作的意见手迹

第四章 兼容并蓄、左右逢源的对美苏政策

印度独立后，面对的是雅尔塔体系下逐渐形成的美苏两极化格局。如何在两大集团的夹缝中找到印度发展的空间，实现印度的大国梦想，是这一时期尼赫鲁必须要解决的问题，所以在尼赫鲁时代，如何发展印度和美苏之间的关系一直是印度外交的重点。尼赫鲁为了大国理想，面对现实，把不结盟作为外交思想的核心，在平衡印度与美苏关系的时候，把不结盟外交的实用性体现得淋漓尽致。

尼赫鲁的如意算盘是：印度保持自己的独立性，在美苏之间周旋，和他们都保持友好关系，利用双方对印度的拉拢和印度自身的影响力，从美苏双方获得相应的好处。当然具体对美苏之间的亲疏远近，并不是绝对的平衡，而是根据在某一时期印度的国家利益决定。最初，对美国印度打亲情牌，宣扬印美"两个世界上两个最大的民主国家"在政治制度上有天然的亲切感，应该多加联系，以此来拉近两国的距离，又迎合美国的"遏制政策"，以共产主义威胁为借口，向美国寻求经济援助。对苏联，则主动与共产主义国家修好，宣布建立"社会主义类型社会"，吸引苏联眼球。尼赫鲁把西方的民主模式、苏联的经济模式一方面用于国家建设，可谓文明交往上的兼容并蓄，另一方面也用来作为外交的砝码，也是外交上的左右逢源。

第一节 印度文明与"民主"美国

关于对美国的政策问题，尼赫鲁在印度独立前就有过认真的考虑。他思考了印度的现实和美国对印度的态度，最终确定的对美政策还是以亲近为主。但是，美国和印度因为在外交目标、两国的发展程度、文化背景、国际重大事件的不同态度立场、克什米尔问题的分歧、国际关系的处理等因素的影响，双边关系处于冷热不定的状态，忽远忽近，难以把握。事实上，鉴于印度和美国对彼此的依赖程度和利益关系，两国关系的远近，最终还是由美国的国家战略决定，也就是说，印美两国关系的发展主动权掌握在美国手里。

一、忽远忽近的印美关系

二战后，美国不但是世界上最大的军事强国，也是世界经济霸主。印度独立后，需要美国的援助，所以尼赫鲁采取了亲近美国的政策。他曾经说过"印度为

左栏手写批注：
利益、意识形态、文化上的价值观，这三点是外交上管起作用的关键，也是文明交往的关键之处。

右栏手写批注：
很对，这是所有国家外交的原则，但如何互利在交往互动作用上要具体化，这些问题还宜从文明交往角度多思考。这样，概念更切近论文题，也不止于一般的外交论述。

彭先生给闫向莉博士论文的修改意见手迹

青叶劲节竹报平安。唐诗三句"乐在悟淡"。

一、身心转恬泰,烟景弥淡泊。(白居易《问秋光》)

二、平生尚恬旷,老大宜安适。(白居易《昭国闲居》)

三、求诸吹荡则常风,求诸恬谧则常宇。(欧阳詹《唐天志》)

古之治道者,以恬养知。(庄子·缮性)此语也可作为治学者借鉴。

淡泊以明志,宁静而致远,可为治学求知之大道。王充《论衡自纪》溜然恬忽,无町愬尤,厥是自知之明。

京隐,八十九岁翁自述

民国 竹报平安

锦润堂 制

寄李凡"平安"三语

南开大学李凡教授自博士毕业后,年年寄来贺年贺卡,从未中断,贺卡祝我和老生快乐健康,情弥深而笔益健,为我学生中所仅有。有感于此,遂有以下三语,以抒其趣。"平安"

一、平安。平安为人类文明吉祥卒愿,固而为交往常用祝福词语。唐代岑参《逢入京使》即有"马上相逢无纸笔,凭君传语报平安"诗句。实际上,《韩非子》"人无愚智,莫不有趋舍,恬淡平安,莫不知祸福之所由来。"此语已悟出人生恬淡平安文明智慧。

二、平安信。"信"为信息,文明交往所需。唐代齐己"折榄寄何处,平安信不迟"诗句,段成式也有"渔浮新船上放鸬鹚"。宋代赵嘏有"枫一平安信,闹遍黄尚春已暮"和梅逊"遂和一纸平安字,灯前阅读看"之句。可见平安对人类文明何等重要。纸 24 平安信

三、竹报平安。今晚为基督教的平安夜。中西文明种有同,都期望平安。中华文明融印度佛教文明,有"竹报平安"的典故。唐代段成式《酉阳杂俎》:"卫公(李德裕)言北都惟童子寺有竹一窠,纔长数尺,相传其纲维(知事僧),每日报竹平安。""竹报平安"遂成为家书报平安成语。宋代于石有诗:"昨竹报平安否?试向平泉问贺皇。"同辉《清波杂志》"古时亲旧来,教问松竹平安语"把竹与松连在一起,作为"松稿斋"主人的我,也把此吉祥谚语转送李凡:竹报平安。寺

祝我们在新的一年里,快乐健康,平安吉祥!悦吉,我的《经隐述作集》第一集即将面世,作为2020年圣礼报告。一笑!一乐!

彭先生给李凡新年贺卡的回复手迹

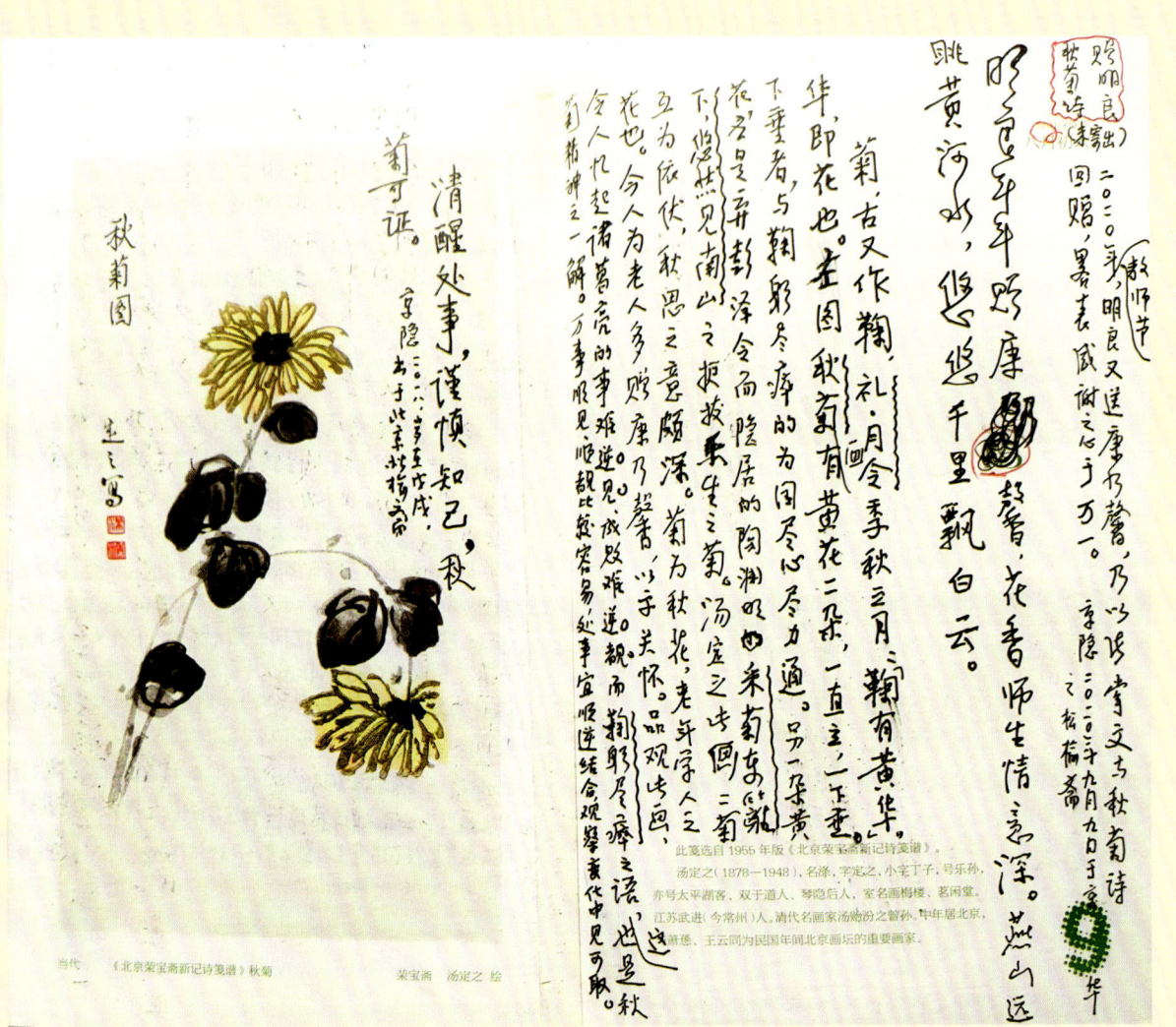

彭先生给马朋良教师节贺信的回复手迹

目 录

三、访谈

一

书　信

致黄民兴信件一

民兴同志：

你的来信收到了。

得知你在英国一切情况很好，十分欣慰。

你的导师尼布洛克的建议，是有根据的，而且他也知道你的情况（准备博士论文）。我尊重他的意见。课题方向定在经济方面，有资料基础，这是最根本的。没有足够的资料，就没有基础。《沙特阿拉伯的人力资源发展在经济发展中的地位和历史进程》的思路也可以作为准备的基础，除此而外，也可把思路放宽广一些，如沙特的留学生情况，如国内其他与经济发展有关的教育渠道，以及外国劳务及技术人员的情况，均可搜集资料，以备概括。题目作为初步方向，词句可稍做修改，如可去掉第一个"发展"，保留"经济发展"即可。总之，把材料准备充分一些，博士论文要求：（一）坚实广阔的理论基础和深入系统的专业知识；（二）独立研究的能力；（三）在本课题范围内要有创造性。关键是创新的见解（包括内容、结构、方法、观点）。

你能参加一次英国中东学会，是个好机会，尽力争取。和两位导师关系搞好，尊重他们，不介入他们的矛盾。多多学习他们的治学方法，吸取他们的学术成果，听取他们的指导。另外多看一些书，特别是原始文件、统计及有关典型资料的收集方面，要随看随记，并在一定时间加以整理。Seminar 课在英国教育中是重要环节，费孝通当年的社会学就是通过参加拉斯基的 Seminar 课打下一生治学基础的。望细心领会，不断充实自己。归结起来，还是我走时向你说的话：热爱专业，热爱祖国，克服困难，充实自己。

今天是 1989 年 12 月 31 日，明天就是 1990 年元旦，祝你在新一年中取得优异成绩！谢谢你的新年祝贺。王老师也让向你问好！

朱老师、游老师、杨老师都很好，他们也让我代问好！

有空多来信,我很想知道你的学习情况。小孟也好,他最近要给你去信。

彭树智

1989 年 12 月 31 日

致黄民兴信件二

民兴:

前函想已收到。读到一月九日来函,更详细地了解到选题的目的和各种条件。对你的提纲,我认为要注意以下几个问题:(一)前人对此问题研究的主要成果和不足要尽量摸清楚。你查阅了有关国家的博士论文情况,这很好。博士论文应在前人的终点上,至少由此出发,作一些新的贡献。但应进一步查阅其他著作与论文,尽多了解研究动态,力争站在这个课题的前沿。也可以通过尼布洛克了解。(二)在查阅材料的基础上,应当确定二、三、四这三个部分的重点问题,这是制定提纲中要解决的关键所在,也是写作时要用力的地方。(三)仔细考虑整个提纲五部分的关系,使提纲有整体感。以上三点,与资料很有关系,多掌握些典型的第一手材料,这是要多下苦功。同尼布洛克谈话时,要尊重他的意见。提纲一经决定,即着手写作,并将情况告知。因为时间有限,不必等我的信,我相信你会写好这篇论文。

上次你去北京,彭卫曾同你谈到想同英国学(者)*进行一些合作研究项目,如中国社会生活、文化思想及政治史等方面。你可抽时间在学校有关部门同英国汉学家联系一下,看他们愿意合作研究什么项目。一有消息,望及时函告,由我转达给彭卫。彭卫正在主持中国社会生活史多卷本项目,也可以在中国史其他领域合作。

祝好

彭树智

1990 年 2 月 4 日

注:( )*里的字系编辑根据行文所意加补的,后同。

致黄民兴信件三

民兴:

你的信及 Michael Rush 先生的信均收到了。[①]

关于延长研究期限,国内尚需报批手续。这一点和国外不同,不是系主任同意就可以办理的。我这里没有问题,现已将同意意见连同你及 Michael Rush 的信上报外事处,等候批复。我已问外事办,学校的权限是六个月,你申请是五个月,可能性很大,但需与国家教委联系。所以还要一段时间。我尽快催促。一有消息,即给你写信。你可告知 Michael Rush 先生,请他稍等。

欢迎 Rush 来西大,我一定接见。中东所人事有些变动,邱老师调离,王铁铮提升为副所长。历史系已开了文博学院成立大会。系总支书记游老师已退休,陈俊熹为总支副书记。你下次来信,给陈俊熹老师写一页纸,简要汇报一下情况,争取他的了解。这是很必要的。

去巴黎开会时,要熟悉一下有关情况,做到安全而有收获,必要时,视情况多结交同行,特别与你论文有关的学者,多多请教,并建立联系。视情况,可宣传一下我校中东研究情况,让人家了解我们。

望抓紧时间,完成论文,不可等待延长。如延长获准,自然更好;如未批准,也要完成论文,尽量利用那里的条件。

《二十世纪中东史》已交稿,高教出版社可望于年内发排,明年见书。余后叙。

彭树智

1990 年 5 月 15 日

---

① Michael Rush 先生当时任英国埃克塞特大学政治系系主任,黄民兴当时以访问学者身份在该系进修。

致伍庆玲信件

庆玲同志：

你先后寄来的信函、论文复印件及硕士学位论文，都收到了。

你经过考试、复试，结合科研成果及水平的评估，我这里已通过了。明日将上报研究生处，他们审查后，将向你发通知书。估计如无大意外，录取不会成为问题。但时间不会太快，这主要是现在研究生处正在集中力量，处理硕士生录取问题。这方面工作量大，又有最近国家教委的新精神，因此需要一些时间。你不用着急，硕士生工作一结束录取，博士生人数不多，能较快处理完毕的。

你的论文想已答辩完，在此期间，要抓紧时间修改一下，争取尽快发表。西大从去年开始，很重视研究生的科研成果，每学年统计一次，且进行评奖。希望你的论文在将来入校后正式发表（发表文章不易，需要时间，所以要尽快改完寄交有关刊物），见诸刊物。

有事来信。

彭树智

1994 年 6 月 10 日

致刘云信件

刘云同志：

来函收到了。

《第三世界的历史进程》已出版。现寄来稿费1100元及样书2本，望收到后告知为盼。

我正忙于《中东史》前三卷的统稿工作，同时给今年入学的四名博士生上课，加上职称工作正在进行，还有其他杂事颇多。因此简函如上，余后谈。祝好！

彭树智

1999年10月1日

致李利安信件

利安:

序言改写对我说来,是一种科研乐趣。乐在我为你的理论悟性而乐,趣在为论文思想理论的升华而趣。做学问,其初衷和内动力出于内心对研究对象的热爱和理解,出于认识和清理问题冲动的学问,才是真诚的学问。只有对人生真谛的思考,只有对人类社会矛盾的探索,方可成为有思想深度的学者。学问要严谨其学、建树其实,创造其本、纪念其值,而做学问者,要赤子其人,道德其心,勤奋其基。

上述语言,是我在三改(红、蓝、黑三色碳素笔)序言之后,余意未尽而展开的思绪。我觉得你理解我的文明交往观是准确的,和观音信仰研究的结合点的选择上是对路的。渊源、传承,传播,都是在《文明交往论》《书路鸿踪录》和《松榆斋百记——人类文明交往散论》之后我深入思考的问题。你的《观音信仰的渊源与传播》一书,为该问题提供了典型的个案研究范例。我想,其中有许多文明交往资源可以发掘和思考。可惜我手头没有你的博士论文和已出版的著作(都在西安),只有待你现在这部书出版后再说。

渊源研究虽已结项多年,但我想你在研究中受益的深意一生难忘,这是学术纪念价值,历史与现实的课题有沿流溯源,有由源及流,源流考究,其归本及根本方法,可烛照人类文明交往的全貌,许多论断即由此出。近读《随园诗话》中姜白石之语,颇有诗外的启发:"人所易言,我寡言之;人所难言,我易言之,诗便不俗。"世界史、全球史、文明史,人已"易言"而多言,唯人类文明交往,人言者不多不深,我在中东史以及诸位中青年论著中做入而出、出而入的史实与理论上的上下求索,乐趣在其中。人言师生情谊为人类最美的感情之一,其中内涵在于学问情绪和学术情结,每一个人能力、生命都是有限的,但师生之间薪火相传,接力相续,可以使学术变有限为长续。龚自珍有诗云:"未济终焉心缥缈,万事都从缺陷好。吟道夕阳山外山,古今难免余情绕。"我今年七十有七,是坐七望八之年了。读龚诗有深深感触。"缺憾"其实也是一(种)*美,电影界的延艺云对我说过,电影是遗憾的艺术,学术其实也是有"缺憾"的,唯其有"缺憾",才有后来者的研究空间。"万事都从缺憾好",好就好在"缺憾"是后来居上的起点。夕阳无限好,唯其近黄昏;桑榆犹未晚,为霞尚满天。我现在正在路上跋涉,像你和你以下的中青(年)*朋友也和我一起在路上。这一点龚诗中的"未济终焉心缥缈"的心境我并不存在,如果说有"余情绕"我心,那就是师生的学问情结的自觉了。

作诗讲究气象。诗的气象,吟山峦则有云烟,诵江海则有波涛。诗的夺魂摄魄,每在于此。我序中讲的"学问的气势",即由此而来,学问如无真的本根,如无善的情理,如无美的智慧,则不成其为学问,也无纪念的价值和实实在在的建树,这种建树不仅在于厚实的论著,而在于有深刻的思想。这就是序言中所说的"让思想锋芒的智慧之光更加闪亮"的"思想锋芒"。以上所言,均为随情所叙,虽不严准,但属真情,供你参考。收到后来电告知,以释悬念。

彭树智

2007 年 12 月 23 日于北京松榆斋

致于卫青信件

卫青同志:

2010 年伊始,接连收到您从千里之外寄来的长信和祝贺新年的贺卡,可以说是喜从天降、乐从中来!您的事业有成,家庭美满,我和王老师谨致祝贺,并致新年问好和春节祝福!

在湛江师院这一段工作经历,对您说来是人生历程中不能忘记的而且具有奠基意义的锻炼。行政事务对科学研究工作(尤其是人文社会科学)绝非可有可无的事。"学而优则仕"的"优"不是人们一般讲的"优秀",按朱熹的《论语集释》为:"优,有余力也。"(他)*并说"学而仕所以验其学者益广"。您在湛江从政,从未忘记专业的教学和科研,虽有些不得已而为之,但"困知勉学",收获是多方面的。现在又有"博士后"的条件,相信定能更上一层楼,弥补行政工作时之不足。书不尽言,今年五月左右,我回西安时再面叙。谢谢您写的七千字长文,我珍视它,认为是师生友谊的交往文明自觉表达。再次祝全家新年快乐!

彭树智

2010 年 1 月 7 日北京松榆斋

致王新刚信件

新刚同志：

好长时间没有读你的论著，今日读你大作《彭门学记》，不但唤起两度师生深厚情谊的美好回忆，而且看到了你在治学思想和学术水平上的突飞猛进。师生情谊是人类最美好的感情之一，这种感情在你的文章中得到真挚的表达。你我之间的交往是文明交往中生命自觉和人生自觉的心灵交往。我在最近出版的《中东史》"后记"中集中谈到六条"学术生命自觉"要点和五条"治学理念"，现连同这本书一起赠送于你，作为一个新的纪念。你一直是我们科研群体的骨干，切望在今后协作得更好。

你在文中提到了序言和后记，也提到我的"以序发论"，说得很对。我要补充一点，就是"以序言与后记，完善全书，并表明心志"。鲁迅在《〈铁流〉编校后记》说："没有木刻的插画还不要紧，而缺乏一篇好的序文却实在觉得有点遗憾。"巴金在《〈序跋集〉再记》中说得更形象："在书上加一篇序或跋就像打开门招呼客人，让他们看见我家里究竟准备了些什么，他们可以考虑要不要进来坐坐。"你在文中多次引用《书路鸿踪录》，我在这本书的"序"名为《雪泥鸿爪存，披览前踪在》，而"跋"则名为《雁别蓝天去，山迎白云归》，其中前后呼应都是人生自觉。因此，《中东史》的"绪论"与"后记"是我为完善全书、并表明心志之作。这本书比较集中反映我的文明交往自觉观，也是 13 卷《中东国家通史》之后的一部浓缩的简要著作。我正在修改一本《两斋文明自觉论随笔》，将来成书后，再作礼物赠送。

祝在历史学院生根、开花，结出更多更丰硕科研成果，欢度美好的人生。

谢谢送来的新茶，我会好好品尝品尝。代问晓云同志好！全家好！

彭树智

2010 年 6 月 2 日悠得斋

致闫向莉信件

向莉同志：

读了你的来信和开题报告以后，有以下建议，供写作时参考：

(1)《从文明交往角度看尼赫鲁外交思想及实践》是一个有创新性、理论性很强，也是一个难度很大而且需要付出艰苦劳动的选题。我在电话中已经向你说明，此论文的成败，取决于理论与实践相结合的密切和具体化的程度。在我仔细看完你的论文基本框架后，我更加相信这一看法。你的提纲是一个理论脱离实践的提纲，只是在某些点上有极初步的、一般的、笼统的想法，在所有重大问题上，都是理论与实践的脱离。如何从文明交往角度，去具体化、深入地看尼赫鲁外交思想及实践，是摆在你面前一个首要的、全局的战略性问题。

(2)我认为，你第一步要调整一下论文写作的思维方式：以理论引导实践，从实践中总结理论，要把这种思维方式化为论文的整体性论文结构。这种思维方式旨在彻底改变现在把尼赫鲁外交思想与实践的问题分开，从而也与文明交往理论彻底分开的论述方式。要用文明交往的理论与方法，来观察论文主题，思考分题，把这种思维方式贯彻到你要论述的你要写的每一章、每一节、每一目中去，并且要集中地、醒目地体现在标题上，用以表明自己的创新之见，以收取画龙点睛、整体呈现面貌。

(3)第二步锻炼合理组织材料与主题的思维能力：把文明交往与尼赫鲁外交思想、外交实践有机地结合为一个整体，做专题性的论证研究。可以考虑对现有框架进行适当重新组合，尽力避免重复，加强论述结合的深度。例如：①第一章中的第三节与第二章第一节相结合，标题（第一章）可改为"文明交往与尼赫鲁外交思想的形成"；②第二章把第一章第三节中"文明交往特性"与尼赫鲁外交思想内容相结合，标题可改为"尼赫鲁外交思想的文明交往特性"；③第二章中的不结盟思想与第三章不结盟运动相结合，也要突出文明交往的角度,等等,以此类推。

(4)第三步要拓宽思考的空间,突出时代的主题。尼赫鲁外交思想是"冷战"时期亚非民族独立国家体系代替西方殖民地国家体系时期的产物,在美苏对抗和两大阵营分化和第三世界崛起时期的总时代特点下的产物。这时国家关系有一个新变化,民族独立国家都有发展民族国家经济和巩固政治独立的共同任务,也有亚非国家开展平等互利的经济与文化交往的需要。印度的总理尼赫鲁早在 1946 年 9 月就宣布独立后奉行不结盟政策。1954 年中国总理周恩来在接见印度代表团时第一次提出了"和平共处五项原则",写入《中印关于中国西藏地方和印度之间通商和交通协定》的序言之中,可见文明之间的交往。

(5)第四点要处理好历史事件、政策与文明交往的关系。尼赫鲁的南亚政策、对华政策、对美苏政策、大国外交,与文明交往有何关联,这是值得仔细思考的问题。须知这是你和别人视角不同之处,也是有研究新意的地方。现在,从框架中看不出二者之间的关系,这就失去了新意,可以说是"脱题",而这样大范围的"脱题"使论文后半部分出现了大的漏洞。这里有一个逻辑问题,即要解决什么问题的逻辑,也是一个从文明交往角度看尼赫鲁外交思想与实践的问题,把理论融入实践之中。

(6)总之,在写作中要明确主题,把文明交往视角贯彻始终,以它为中心线索贯穿始终,这一点特别重要,当然难度也在这里。这实在是一个大问题,有技术问题,但最重要的是对文明交往与外交思想、外交实践的理解与把握的问题。好在你只是谈一下尼赫鲁这个具体问题,只要不脱离尼赫鲁谈文明交往就好,你要仔细读一下尼赫鲁自传《印度的发现》以及他的直接文献(注意:其中尼与英国外交家思想的关系,这是直接的交往,我总感到尼是受英国外交思想影响的人),从中发现思想脉络。一定要从这个实际出发谈文明交往,不要从文明交往去套用尼赫鲁外交思想。出发点应该是事实,而不是理论,理论是事实分析之后的结论。我甚至想,你论文一开头就直接从尼赫鲁外交思想谈起,把从一系列具体论述的理论放在最后一章,用简洁语言加以概括。

以上仅是建议,供写作时参考。假期主要是和家人团圆。代我向你家人问好,祝全家春节快乐、幸福! 过一个愉快、美满的春节!

又及：

回校后，可以把遇到的问题集中起来，多向黄老师、王老师请教，倾听他们的意见，这是很重要的事，万万不可疏忽。当然，也不要过多打扰他们，要事先同他们联系好，约好时间，注意礼貌，多听多问，多说自己的想法，这对论文质量的提高和将来的答辩都有好处。要同他们多多交流，使他们了解你、理解你，这也是个人的交往文明化。

另外，也多向尚老师求教，把你的想法告诉他。他在研究尼赫鲁外交思想（方面）*有造诣，我想在文明交往与你研究的主题上，会提出有意义的看法。把你的写作提纲给他寄一份，请他审议，他是最专业的学者，要多听他的指点。

再及：

紧扣主题，用文明交往观察尼的外交思想，又不要忘记用文明交往观察尼的外交实践，这是中心，是始终不要忘记的思路。这是我最主要的建议。写完上述意见后，怕你不理解，最后再重复一遍。如果这个思路清晰了，你的论文就成功了一半。另一半就是要在写作中贯彻、把握、创新了。我相信你在实践中会克服困难，多思、多改，一定会有新意出现的。问题意识是：文明交往到底与尼的外交思想与实践有何种内外联系？要使这个问题长存于自己的思想中、笔头下（指头下）。只要这个问题解决得满意或基本满意，论文的质量就有保证。祝努力、再努力，要有信心！坚定地走下去！我在北京为你加油鼓励，希望早日看到你的论文初稿。

彭树智

2011 年 1 月 17 日于京华松榆斋

致王妍慧信件

妍慧：

开题报告已看过，我觉得已经成型，加以修改后即可定稿。

修改放在学位论文所要解决的中心问题上。阿拉伯世界、西方世界、近代时期、政治思想交往，这四个关键词所涵盖的关系，是在修改中要思考的空间、时间和重点内容，不可忘记。

开题注意思路清晰，主题明确，论点论据确切，方法恰当，创新之处具体，语言简洁。

开题中仔细听取老师说的意见，今后加以归纳，对文章框架加以修改，然后从资料、观点、提纲加以细化，进入写作详细提纲（注意计划制订）的写作。

我在开题报告中有些具体建议，供参考。

博士生的主体性是第一位的，一定要加强，信心即力量。

彭树智

2011 年 10 月 7 日

致王妍慧信件

妍慧:

来信及文章已读过。文章主题明晰,思路清晰,行文简洁干净。我的随笔三卷共 137 万字的大数量书籍,你能通读之认真、之快,且写作之快、之要言不烦,读后甚感欣慰。我已随读随改于文稿页旁,下面再强调几个重点:

1. 题目是一文的面目,要多加推敲。此文正副标题之间有重复,而且与《史学理论研究》杂志的"史学"无呼应。因此我将正标题改为《史学研究的方法论启示》,这样配上副标题是否更统一、恰当一些? 这只是我的建议,你如有更合适的题目,可以重新考虑。

2. 文章第二段有两处改动:(1)在"交往"之前,加上了"生产和"三字,在"交往"之后,加了"实践"二字,意在强调唯物史观归根在生产和再生产,同时也关注辩证法的交往互动。两者有机的统一结合,才是完整意义上的文明自觉。(2)文明交往的"五句金言"中"金"字应当删去,用"五句言"既简明,又确切。

3. 文章第二页确有一硬伤,即把《东方杂志》误为《光明日报》,我已改正。不过,这句话改得不太满意。你可再读《随笔》第 22—23 页,把这一句改好。同段我还加上"平等"二字,这是文明交往中的关键词,相互尊重必须是平等的,方可良性互动。

4. 文章结尾我加了一句话,其目的是:(1)总结文明自觉的根本问题;(2)与本文开头相呼应。特别是从规律上总结文明自觉,这是方法论的精髓所在。

我非常同意你把写文章和写学位论文结合起来的思路,这是攻读博士学位的正确途径。但现在有些规定离开此径,可以说阻碍此径,令人无奈。你在走此正确途径的同时,也要多方位思考,只要有可能发表的题目,也不要限于学位论文范围,多思多写,争取各种可能机会,多发表文章,这也是不得已的应对之策。至于这一篇文章,我想是够格的,《史学理论研究》也会考虑的。

我尽量设法同他们联系。我为难的是，这是关乎我的书，是犯忌讳的。如果是你写的其他方面文章，我是可以直接推荐的，涉及评论我的书，由我出面推荐，可能会产生消极作用。不过我尽量努力想办法吧。另外，听说该刊一年的稿件已排满，而且是季刊，你要有思想准备。我觉得你可直寄编辑部，说明你是我的博士研究生，说我已看过此文。信中说你希望在该刊发表，并希望将结果告知。口气要客气点，说你经常读该刊，受益良多。

听韩老师说，《东方民族主义思潮》再版前言是你打印的，谢谢！你可快写一篇有关此书的文章，结合《随笔》有关民族主义章节材料，发挥其要点。我回来时再看一看，也许能助你一臂之力。努力吧！

收到后来电，以释悬念。此文也赶快寄出，争取时间！切切！

彭树智

2012 年 3 月 20 日北京松榆斋

致朱传忠信件

传忠同志：

博士学位论文《土耳其正义与发展党及其执政实践研究》读后，感到它是一部全面系统的专题论著。它的资料基础较为厚实，思路清晰，结构合理，且有许多独立的新见解。它虽然有一些不足和粗糙之处，但从总体上已达到了博士学位论文的水平，经过加工润色之后，即可进行答辩。

现在所剩的修改时间已不多了，在有限的时间内，仍有必要进行小改。博士学位论文是学人学术生命中初始的生长点，应当珍爱它、呵护它、精心培植它，使之具有历程意义的学术作品。现在还应立足于修改，做好以下几件事：①理清全文的主线脉络，力求使全文七章成为既有分工、又有内在联系的统一体；②突出立论重点和新意之处，着力于理论与实践的紧密结合，从中总结提炼出自得之见；③关注细节，精雕细刻于文字不通畅或翻译西化方面，唯冗语之务去；④严谨著述规范，引语及沿用别人观点者一定要加注出处，并且再查一遍，要准确无误；⑤将常识性错误、错别字消灭到最低限度；⑥尽可能补缺防漏，加强薄弱环节，使之趋于完美而不留遗憾；⑦定稿时，不要忘记从头到尾再查看一遍，进行全文的最后贯通，这一切只是建议，望量力而为之。

关于本文的一些重点问题如西方政党理论、文明交往自觉论的应用、正发党的意识形态、文军关系、国内经济社会政策、对外交往等问题，可排一下队，从现在有条件的，可以修改的，先行加强。如果要我来改，我从本文的材料出发，首先从文军关系开始。军人干政，是亚非许多国家一直存在的问题，在土耳其尤其典型。正发党把这种政治交往纳入法制系统解决，用法制轨道运行此种交往，是一种用文明交往的自觉，解决了这个老大难问题。可以把本文中以这个思路理顺成章，并加以理论化，定会使第三章关于党的理论创新点之外，又多一个发光出彩的新亮点。因此我建议你无妨尝试一下。我认为这是有现实意义的。当然肯定要清醒看到许多面临的不确定难题，对此，你在修改中,也要给自己留有回旋余地,不可绝对化。

此外,本文对正发党的性质、意识形态和组织结构问题,有细致深入的论述,言别人未涉及之处颇多。然而,仍有许多方面有缺漏,需要思考。第一,政党的利益集团行为,仍为不能回避的问题。第二,运用西方政党理论研究正发党是一个很好的尝试。因为该党的成立与执政,都是在西方影响下进行的,必然有许多西方政党理论因素包含其中。但是,不可忽视土耳其本土政治、民族、宗教等内在根据。第三,正发党已经暴露和已经显示的诸多弊端迹象,要注意搜集,把碎片连缀成线成面,用问题意识,对待土耳其朝野对峙中的社会经济根源。从2013年以来,经济下滑,社会矛盾突出,尤其是腐败问题会激化民众不满,会从"正义"与"发展"两方面向执政党宗旨提出挑战。甚至埃尔多安本人强硬而不妥协的领袖个人风格,也会在负面发生作用。正发党的文明自觉交往是有限的。叙利亚难民大量涌入,加重了土耳其的负担,土叙关系、土耳其与邻国贸易关系都受到重创,致使正发党多年来致力于邻国的外交"零问题"努力失效。因此,它的交往自觉是需要具体分析,全面看待和考量的。

我读本文,愈加感到中东这个人类文明交往的枢纽地区,现在正处于转型变革的转折时期。路在何方? 只能在中东与全球文明交往中寻找。我的文明观来源于世界史,特别是中东史的思考,是一种人类文明的发展观。我关注文明交往自觉,就是关注文明交往的互动规律在不同民族、国家、地区和不同时间的具体表现。所谓自觉,是人的主观的能动性与客观的规律性的有机统一。文明交往的主体是人,文明交往的自觉是人在交往中对事物之间之际的"间际"交往自觉、对事物的关系与联系的"关联"交往自觉,也是人在交往中对隐藏在现象后面的本质问题的探索。我很高兴你用这种文明发展观来观察正发党的发展及其执政实践。在我看来,土耳其正发党正是土耳其——伊斯兰文明与西方文明之间交往的产物。正发党和凯末尔开国时期的执政实践一样,是为了寻找符合土耳其政治、经济和社会制度发展道路的实践。人类文明交往历史昭示,只有根据本国、本地区的历史与现实实际,在内外交往中博采众长,独立思考、创新创造,才能探索出符合国情民意的发展道路来。中东问题研究离不开这个主题,中国学者应当有自己的学术话语权,不能只是跟在人家后面亦步亦趋、人云亦云,你是一个勤学、善思又有常写习惯的有为青年学者,希望把修改工作贯彻在答辩之后,用尊重事实,追求真理的科学精神,写好这本书,为中东研究作出自己的贡献。

又:现在关注不足之处最重要。白居易在《钱塘湖春行》诗中说的"最爱湖东行不足,绿杨阴里白沙堤",如果用于治学,那就是探求不已,自强不息。可多诵此句诗,以提高治学境界,使学术生活于美与真、善的共融行程中。

彭树智

2014 年 3 月 10 日

致李彩玲信件

彩玲：

来信与规划收读，甚为欣慰。

规划扼要清晰，思路明确。需要补充的是学位课程一项。学位课有业务课三门，外语一门，要写好课程作业。此外，就是学校规定的三篇论文是发表于核心刊物上的论文，不可小视。现在发表论文不易，三年发表于核心刊物上，必须有五六篇论文作基数准备。要多写，争取提前完成。总之，这个门槛不低，要在思想上高度重视。多读、多思、多写，三者结合，努力再努力！

规划要长计划、短安排，入学后先把第一年具体化、细化，便于执行。

寄来《两斋文明自觉论随笔》（三卷本），收到后来个电话，以释悬念。

请代向家人问好！

彭树智

2015 年 7 月 26 日北京松榆斋

致吕海军信件

海军:你好!

博士学位论文《伊朗民族主义思潮研究》读过两遍,还准备再读一遍。因黄民兴同志来电说,今年盲审提前到三月,所以只能谈谈现在的意见和建议,并且提前给您写信。

总的印象是:论文已按原来预先开题的设计,经过广泛搜集资料,消化分析,认真写作,已经达到计划目标。论文虽仍有其粗糙不足之处,可稍加消除疵点即进入答辩流程。总体上此论文属于我过去带博士研究生学位论文优秀之列,我对论文的水平是很满意的。

从东方民族主义思潮问题研究的学术史角度来看,本文全面、系统考察了伊朗民族主义思潮的历史进程、发展轨迹和本质特点,其演进脉络清晰可见,所得结论可言之成理,填补了这一研究领域的空白。论文将民族主义思潮的代表人物的思想与该民族国家建构过程中的政治、社会历史研究相结合,从理论与实践相统一的研究思路也值得赞许。只是在伊朗民族国家建构问题上仍宜加强,密切其与民族主义思潮之间的交往互动关系,突出其特殊的形成过程,这是现代性体现于国家问题上的具体表现。须知:国家问题在人类文明史上一直处于关键地位,在现代民族国家建构问题上尤其重要,其中包括价值观和国家认同及制度问题。

本论文最可贵之处是关于创新路径和方法的探索。德国科学家希尔伯特当年在证明果尔丹定理时说过:"要想获得预期的证明,唯一的办法是选择一条完全不同于过去的路径。"这使我想起科学家研究的创新性成果需要何种条件问题。这里包括有①观念的创新;②方法的创新;③选题的创新,而关键在于开拓性的突破和获得深思熟虑的"自得之见"。从这方面看,全文所贯穿的理论与方法线索——人类文明交往自觉的历史观念——的运用是成功的。论文把它具体运用到伊朗民族主义思潮问题研究上,提出了"三性"和

"四阶段",即伊朗(波斯)性、伊斯兰性、现代性及其分化组合的三种类型的主权、伊斯兰、自由民族主义,以及民族觉醒、民族独立、民族自强、民族重组的人类现代文明发展的伊朗化进程,给人以耳目一新之感。人类文明交往自觉的历史观念是观念的创新,它是世界史和中东史给予我们的新的理论基石和知识阶梯,以此历史观念所带来方法论上不断拓宽,进而完善自身认知能力的综合方法创新,是我们科学研究创新的首要一步。中东问题丛生,但根本问题是"向何处去"的道路问题。研究中东的乱局问题之路就在人类文明交往自觉的历史观念的创新上。人人平等、各民族平等、各国家平等,是人类社会的共同追求,是社会文明自觉的指标。以人类文明交往自觉角度看,是在常中求变和变中求常的反复探索。如果能在互相冲突和互相妥协中仔细耐心加以观察,发现其良性和恶性变动的规律,寻觅出彼此转化的共同性与特殊性,使其成为彼此互鉴共进的"和而不同"的人类和谐统一体,那将是研究与需要把握的关键之处。

　　伊朗总统哈桑·鲁哈尼 2014 年 5 月 11 日在电视讲话中说:"我希望告诉世界:不要轻视伊朗;他们必须尊重伊朗。"这使人想起了俄国文学家契诃夫的话:"在人群中应该意识到自己的尊严。"民族尊严、国家独立使中东地区大国的伊朗总统不时提醒世界,并且意识到民族尊严。民族主体意识需要文明交往自觉,既警惕西欧中心,又切忌狭隘、极端民族主义两种倾向。这也是民族主义思潮研究者更关注之点。论文的细节如 P. 142 注③出处、P. 194 巴勒斯坦、P. 283 的知名五句言等均须改正。限于时间,大改已不可能,我新出版的《老学日历》即将寄到西安,你可到中东所找副所长韩志斌去要一本(也给李彩玲要一本)。此书第 22—24、362 尤其是 P. 365—370、P. 382—384、P. 384—394、P. 396—399,特别是 P. 413—423 诸页,可细读,P. 639—641 也可参考。

　　最后,修改时我感到数学家丘成桐的话特别值得玩味品察:何谓"创新"?他在《人民日报》2015 年 7 月 30 日《名家手笔》栏中回答道:"创新来自对学问的真正尊重。"他认为:"一个学者的终极目标不是为了得大奖,或者受到外界的重视,而是应该有一个基本目标,即人对大自然的了解,对人类生存和人类文明的探究。从这样的出发点做出的研究,才有可能达到文明意义上的创新,进而实现有益于民族与世界的贡献。"一位自然科学家能把研究基本目标锁定在"人类对大自然的了解"和"对人类生存和人类文明的探究",是难能可贵的,可惜我们人文社会科学界许多人意识不到这一点。丘成桐的提法与我在《老学日历》第十编中所提的"爱自然,为人类、自然史、人类史、科学双轮互动,共同追求真善美"的《题史》不谋而合。他提出科学研究的基本目标和出发点,还确立在"有益于民族与世界的贡献"上,这对于我们关注中东古老民族的复兴与世界潮流的激荡向前,也是有特别意义。只有尊重学者自身的人品,尊重学问的本身,才能将好的学问做成。有了这些学问,个人的创新才能真正汇入人类文明交往自觉的发展长河大江之中。

孙中山有句哲言:"世界潮流,浩浩荡荡,顺之者昌,逆之者亡。"这是激励人们与时俱进的哲言。用于你研究的"伊朗民族主义思潮"特别有现实意义。伊朗民族主义思潮,就是这种"世界潮流"的一部分,它随着整个世界潮流所向而进展。潮,是自然现象,海水定时涨落喻人类社会思潮所向,颇有风尚趋势走向和人们思想对交往大潮之妙比。我在《老学日历》第186节有《西东谣》的"西潮涌起东潮动"的《题诗》详解,可一读。走笔至此,突发诗意治学之思,想起了唐代诗人刘禹锡的一首"长恨诗":"瞿塘嘈嘈十二滩,人言道路古来难。长恨人心不如水,等闲平地起波澜。"此为他的《竹枝词》九首之七,本为人生世态切身体验的诗句,也可用来思考探求思考符合国情道路之难。水是至柔之物,又有柔韧之性,而且是测验人与自然、人与人、人的自我身心平衡的"水平仪",但愿"人心如水",少留长恨于人间。

又:请将复印件及信给韩志斌同志。

又:王老师附笔致候,祝你一切顺利,学成立业!

彭树智

2016 年,岁在丙申,写于北京松榆斋

致于卫青信件

卫青同志：

来函收到多日，迟复为歉。

欣闻您父子二人双喜临门，至为高兴，谨遥致祝贺，并望继续努力，百尺竿头，更上层楼！

在学言"道"，足见您对文明交往的人文情怀体会之深。信中所引我陕西先贤张载的"四句教"，《老学日历》已有提及，不过我是由金岳霖谈张奚若的"三点之教"谈"救世之道"的。张奚若与张载同为陕西人，金岳霖自然把今古二张的"三点之教"与"四句教"连在一起的（见《老学日历》119—120页）。我的"知物之明，知人之明，自知之明，交往自觉，全球文明"的"五句言"，是"三""四"之后的有关人与自然、人与人和自我身心之间关系的文明交往观念。所谓"明"正是"明"于"道"，即人的主观能动性与事物的客观规律性的交往自觉。这是从感性与理性互动中的交往自觉。

对我的"人类文明交往自觉"观念，每个人都从不同角度有自己的认识，可以说一百个人有一百个文明交往观认识。您的认识是从"治心救世"之道认识，更具人文情怀，特别是宗教的终极关怀的深度方面，可谓别具一格。您对儒、释、道三教均有研究，我印象中您曾寄我一本南怀瑾的《黄帝内经》讲题，您也谈到佛教在您信仰中的地位，儒家方面也有体会。您在信中谈到把握学术、政治与兴趣、政治之间的界限与限度，也似应从人类文明交往自觉这个主题上思考。若有何新的收获，望函告。

《老学日历》被中国社会科学出版社界定为"人生哲学"的"通俗读物"（见版权页）。这是个很高的界定，有关日常为人处事、生活行为、所思所想的大众哲思问题。人类的文明化是"万世开太平"之日，可谓大矣！但愿交往自觉能逐步实现，让我们共同努力！

再:您有尚劝余消息吗？我们很久没有联系了。

彭树智
2016 年 7 月 27 日于北京松榆斋

致韩志斌信件

志斌：

身体恢复甚慢，久不写毛笔字，几个题字，总算写成，真不如我的硬笔体小楷满意。中东为世界之中东，争取在世界史坛应有的地位，义不容辞。望办好此杂志，提高西北大学中东所在世界史学科更多的发言权，为我国世界史学科作出更大贡献！

我因身体日衰，不能参加刊物发布盛会，寥寥数语，以表祝贺之情，并向来宾和全所同志致候！

又及：

1. 收到后，电话告知，以释悬念。

2.《京隐述作集》书稿事，多谢费心。第二集正在定稿，最后还需一些时间。

3.《京隐述作集》第一集校样寄我一看。

彭树智

2019 年 7 月 10 日北京松榆斋

给王铁铮的信件

铁铮同志：

来函及《阿拉伯国家史》和《中东史》的修订版说明，都读过了。我完全同意您的意见，只做了局部改动，请酌处。

《阿拉伯国家史》和《二十一世纪中东史》是教育部推荐的研究生用书，此次再出新版本，是对我们西北大学中东研究所科研群体工作的再次肯定。《中东史》作为学术专著的再版，也具同样的意义，都说明经起了历史的检验。我为您的认真细致有效的责任和工作业绩所感动，这正是我们中东所的勤奋、严谨、求实、创新和协作的学风。能在生前看到这些书的新版，真是荣幸。

下面是对此次新版还有一些具体修改意见：

第一，《阿拉伯国家史》：

1. 第93页，倒数第6行——"布韦希人那样"后应为句号（。）。

2. 第183页，第1行和第2行中两个"唯一"，原著是黑体字，以示强调，请改。

3. 第236页，第3段之后，增加以下一段文字：

易卜拉欣·雅济吉的"寻剑"号召，使人想起了马克思在谈到出版自由问题时，引用中世纪阿拉伯诗人哈利利的"亮剑"诗句：

"谁有舌头不言语，

谁有利剑不劈刺，

谁就白白活一世。"

易卜拉欣·雅济吉正是继承了阿拉伯民族勇敢反对压迫的斗争精神传统，号召阿拉伯民族争取独立和解放。马克思是从1826年斯图加特出版的、由弗·吕凯特译的《哈利利诗篇》中，引用这首"亮剑"诗，也说明了阿拉伯文明与欧洲文明的交往过程中所产生的影响。

第二，《中东史》：

1. 目录第 2 页第七章第三节"自然灾害生态对中东近代文明的影响",改为:自然灾害对近代中东生态文明的影响。

2. 第 236 页第三节题目改为:自然灾害对近代中东生态文明的影响。

3. 第 236 页第一段第三行"然。[②]"之后,增加两句话:自然灾害作为自然界演化过程的一部分,它的发生不可能完全避免的。然而,人类与自然的交往过程中自觉性的提高,可以发现并利用其变化规律性来减其不利影响。

4. 第 237 页,(四)饥荒第一段最后"自然灾害生态文明"八字删去,改为"社会灾难类型"之一。

5. 同上段第 5 行"中东地区的"后,加一"大"字,成为"大饥荒有 31 次"。

以上共 5 处改动,引起我一个思路:生态文明问题。将博士论文(任德胜)成果写入《中东史》,因为它是讨论文明中物质、精神、制度、生态四大交往组成部分之一。我在第 5 页(本书"绪论"文明交往自觉四边形层面之一)对此已有理论要点概括,这是本书的新尝试。因此,建议在大事年表 2020 年加上"新冠"一条,以示与此呼应。(可行与否,请酌处;如有困难,可不列。)

6. 大事年表(第 511 页)倒数第 4 行之前,即"1869 年"这一年,增加为:"1869 年　苏伊士运河通航"。漏掉此"海上交往之路大通",不妥。

7. 第 532 页"附一"改为:附录:彭树智主要学术著作一览(1982—2021年)。

8. 第 533 页"二、独立著作"第"9"起,增加以下四书:

"9.《两斋文明自觉论随笔》,三卷本,中国社会出版社 2012 年版;

10.《我的文明观》,西北大学出版社 2013 年版;

11.《老学日历》,中国社会科学出版社 2015 年版;

12.《京隐述作集》,两卷本,中国社会出版社 2021 年版。"

接到此信件后,请来电告知,以释悬念。顺祝
劳逸适当,身心两健,并向徐多同志代为致候!

彭树智

5 月 19 日北京松榆斋

又:另附 5 页改稿于后,请查收。

二

序　言

十年的科学韧性追求

——《欧洲抵抗运动》代前言①

《欧洲抵抗运动》经过作者坚持不懈的努力,终于脱稿,即将问世。这是值得高兴的事。看到我国研究者所出的成果,虽然不尽完善,但是值得推荐,因此乐意为本书写一篇代前言。

欧洲抵抗运动是世界现代史教学与研究中的一个重要而薄弱的环节。在国外,对这个问题的研究愈来愈重视,大量的文献和论著纷纷出版,形成了一个方兴未艾的研究领域。但国内的研究远远落后于世界,也与高等学校的历史教学的需要不相称。在世界史的研究中,长期以来,人们的注意力多集中于大国、大事件、大人物、大战场,而对小国、平凡而英勇的事件、老百姓、人民游击战争不够重视,这方面的著作、论文可谓凤毛麟角。北欧的一些史学家,主张研究小国家、小人物,乍看起来不显眼而实际有着普遍性的事件,是一个值得重视的意见。无论是从世界现代史的教学看,或者从研究角度看,或者从增强人民是历史创造者这一主题理解的角度看,欧洲抵抗运动的历史都有必要进行深入探讨。

和已经出版和发表的有关论著相比较,《欧洲抵抗运动》有以下几个显著的特点:

第一,它比较准确地把握了人民性这个主题。在国外出版的大量有关论著中,研究抵抗运动的重点多侧重于流亡政府、军人密谋小组、英国谍报网在各国的活动等方面。例如,有一本反映德国抵抗运动的著作,虽然内容丰富,但主要着眼于军人的密谋活动,而忽略了德国人民广泛的抵抗运动。这种倾向以及英雄史观,显然同西方的政治观念有直接联系。第二次世界大战结束前后这段时期,西方大国的政治家们要求解散游击队,甚至出动军队向游击

---

① 本文载延艺云《欧洲抵抗运动》一书,光明日报出版社 1991 年版。

队进攻(如英军进攻希腊人民军),他们是否定抵抗运动的人民性的。《欧洲抵抗运动》一书,比较详细地叙述了各国人民反法西斯斗争的英勇事迹,发掘出许多动人的故事,真实生动地反映了人民群众在抵抗运动中流血牺牲、英勇献身的可歌可泣的事迹。由于作者着眼于人民大众,历史感强烈,洋溢着激情,故而可读性强。

第二,它把欧洲抵抗运动和这个运动对战后的影响联系起来,组成了一个完整的历史整体。这一点也是许多已出版的著作忽略之处。历史科学所宣传的是理解,而历史科学又是一门分析科学。它帮助人民理解人类社会、理解各地区、各民族、各国家的活动和联系,而这种理解是通过科学分析获得的,因此它是理性的。本书作者把欧洲抵抗运动史的研究与它对战后产生的影响联系起来讨论,是符合整体、联系的历史观念,有利于鉴往知来,有利于我们从更深刻的历史环境和历史因素中发现当今世界变幻莫测的国际风云以及欧洲各国政治经济文化变迁的原因和规律。

第三,本书资料基础扎实,尤其是对当时的一些新闻报道方面的资料发掘,是下了许多功夫的。由于有资料作基础,加上能实事求是,客观论述,具体问题具体分析,因而它所得出的结论比较客观。例如统一战线问题,不是像西方学者那样过多强调流亡政府的中心作用,也不似苏联东欧学者过分渲染共产党的领导组织作用,而是根据各国的实际情况,进行具体分析评论。在方法论上,本书把欧洲抵抗运动分成若干类型,如南斯拉夫、阿尔巴尼亚等国,共产党是抵抗运动的当然领导者,并依靠自己的力量选择了战后发展的道路;而法国、意大利等国,资产阶级政党与共产党通力合作,共同努力,战后建立了总领事政府;而东欧类型是在苏联军队解放国土这个基本事实基础上形成的;北欧和低地国家基本上属于资产阶级领导的抵抗运动类型。这样,我们很容易看出抵抗运动在欧洲的普遍性,也进而看出它的特殊性,把这个运动的多样性和统一性的历史画面勾勒了出来。

第四,这本书是在较长时间的研究和反复修改的基础上完稿的。在科学研究上不能急于求成,最重要的问题是提高质量。题目选得好不好是重要的,选好了题目还有个肯不肯下苦功夫的问题。有个别这方面的书,学风不正,不注意打基本功,不从材料着手,拉一些年轻人,东拼西凑,一两年之内急于出书。出书之后,又四处求人写颂扬性书评。这在科学上至少是不严谨的。《欧洲抵抗运动》一书的作者,早在大学本科学习期间,就着手撰写这方面的论文和准备这部书稿的资料。本书的初稿曾在1983年由西北大学编印成校内教材,是我主编的《世界现代史教学参考丛刊》的一种。在几年使用中反映较好。可贵的是,近十年来,作者屡年不辍,勤奋耕耘,不断收集资料,钻研问题,在系列论文的基础上,屡经修改,完成此书。比起《丛刊》的初稿来,有三大变化:一是调整了结构,用分阶段论述代替了原来一个国家通到底的体系;二是增补了原书稿中所缺的国家,包括了抵抗运动所有的参与国;三是全面修改润色了文句,并加强了理论分析,增加了导论和第四章部分内容。这使我想起了老一辈马克思主义史学家范文澜同志的话:"板凳宁坐十年冷,文章不写半句空"。这种严谨的学风是应大加提倡的。

总起来说,《欧洲抵抗运动》是一本政治性与科学性相统一的、有自己特点的著作。本书饱含了一个青年学子多年耕耘的辛勤劳动和锐意求真的探索精神。就像任何优秀著作不可能是尽善尽美一样,本书也不是没有不足之处的。但是,作为一个青年史学工作者在近十年的科学上的韧性追求,面对着这"十年磨一剑"的追求所出的成果,此情确属可嘉;而作为他的老师,我感到十分快慰。延艺云同志是一位思路敏锐、文笔快捷和多才多艺的人。他的文学才华实不亚于史学。他为人厚道,有管理潜力。他的发展前途是广阔的。他一定会百尺竿头,更进一步,走向多彩的人生道路。

彭树智

1990年4月4日于西北大学新村22楼401室

《尼赫鲁与甘地的历史交往》序①

展现在读者面前的这部著作,反映了一个中国青年学者研究视角中的南亚两位伟人——甘地与尼赫鲁之间密切的历史交往。

甘地和尼赫鲁都是国外学者经常提到的"奇里斯玛"型的有超凡魅力的领导人物。按照马克思·韦伯的说法,"奇里斯玛"型领导人的特点是:有真正鲜明的个性领导风格、超凡的创造力和与其追随者心理交流的能力;能够通过一些不同寻常的宗教、历史、自然或者带有象征性的事件,对所制定的计划和进行的活动做出合理的印证;具有可以改变政治事件发展进程的潜力;能以实质性的有说服力的新制度原则,使社会焕发活力,出现新面貌,达到新水平,或者发生其他变化,使社会恢复公正状况;在有觉悟的民众想象中,奇里斯玛应为他们提供精神食粮,提高他们的自尊。

这5条对"奇里斯玛"型领袖的界定,无疑是符合甘地和尼赫鲁在印度、南亚以至世界范围所处的地位与产生的影响。但是,甘地与尼赫鲁这两位"奇里斯玛"型领导人物的突出特点,在于他们作为现代南亚上下两代领导人之间的密切的历史交往,而正是这种极富有特征的政治合作关系的历史交往,保证了南亚民族民主运动的健康发展,奠定了当代印度社会的基础,从而使他们在历史上起到了世界性的作用。

甘地和尼赫鲁从1919年到1947年有近30年的历史交往。在这些年代里南亚社会处于由殖民地走向建立民族独立国家的大转变时期,民族民主运动的领导人也处于前后交接时期。甘地发现了尼赫鲁,尼赫鲁也在敬仰甘地的环境中成长。1919年,苦闷不安的青年尼赫鲁在对甘地的第一印象中,就孕育着以后两人交往的矛盾特征。尼赫鲁在《印度的发现》中说:

"那时甘地出现了。他像一股强有力的新鲜气流,使我们振作起来,深长

---

① 本序载尚劝余《尼赫鲁与甘地的历史交往》一书,四川人民出版社1999年版。

地松了一口气;他像一道亮光,穿透了黑暗,并拨去了我们眼睛上的翳障;他又像一阵旋风,吹翻了许多东西,最重要的是激动了人民运用思想。……他所讲的很多东西我们只接受一部分,有时竟根本没有接受。但所有这一切都是次要的。他的教义的精髓是无畏、真理和与这些相关联的行动,他总是关怀着人民大众的福利。"

本书最大的优点,在于它以甘地和尼赫鲁之间政治关系的这种矛盾性特征为主线,通过历史与逻辑相结合的分析,在系统性、客观性、全面性、明确性和揭示实质等方面,都在前人研究的基础上有所前进、有所创新。在国内,此项研究属空白点上的新作,在与国外同类著作相比较,也有许多深化之处。这些深化性研究,有助于深入了解现代印度和南亚民族民主运动发展轨迹和当代印度发展的道路,从而在专门课题上深化了印度当代史的研究。

我在这里着重从历史交往的角度,谈谈研究甘地与尼赫鲁之间政治交往的意义、方法和内容。在人类历史上,确有不少伟人之间友好交往的美好友谊故事。列宁曾经举出过马克思和恩格斯之间亲密友谊的突出事例。但在伟人之间的政治交往中,我们更多地见到的往往是由于权力因素或经济利益而出现残酷争斗导致悲惨破裂的结局。尤其是我们前面提到的"奇里斯玛"型的领导人物,他们之间的政治关系因历史交往的负面作用导致分裂,这就不是一般人的交往问题,而构成为影响社会发展的重要因素了。甘地和尼赫鲁这两位伟人之间的政治关系,虽一直处于矛盾性状态,却能够在民族民主运动进程中并肩携手、合作共事,直到甘地逝世,历时近30年之久。这种长期政治合作的历史交往,成为一件值得研究的历史现象。

本书作者对这一历史现象首先作了历史分析。他把甘地与尼赫鲁之间的政治交往的历史,划分为三个发展阶段。第一阶段是1919—1926年,包括在1919年的反罗拉特法的非暴力抵抗运动、1920—1922年第一次全印非暴力不合作运动和1923—1926年不变派与主变派之争这些主要历史事件中他们之间的政治交往。第二阶段是1927—1938年,包括在1927—1929年青年独立派的崛起、1930—1934年文明不服从运动和1935—1938年国大党省自治这些主要事件中他们之间的政治交往。第三阶段是1939—1947年,包括1939—1941年第二次世界大战爆发和国大党的分化、1942—1944年退出印度运动和1945—1947年印巴分治这些主要事件中甘地与尼赫鲁之间的政治交往。

这种历史的、动态的分析,把两位伟人的政治交往置于具体国内外变化着的环境和发展进程之中。这对于研究有影响社会进退的政治家的历史交往是一种很合适的方法,在历史交往方面的许多问题,可以得到恰当的正确解释,并且使人们容易在纷繁的变化与复杂矛盾交织中,把握住中心线索。但是,到此为止,并不能得出相应的、有历史启示性的结论。历史的分析必须具备逻辑性分析的协作。因此在此基础上,作专门的理论概括,对深入研究两位伟人的政治交往是完全必要的。

实际上,作者也正是在本书终篇中着重研讨了甘地与尼赫鲁的分歧与对话的内容、原因、实质和意义。这样,既避免了仅在几次重大历史事件上就事论事的片面性,又避免了仅从思想观点上以点代面探讨的片面性,使问题的研究更接近于全面和客观。包括伟人之间交往在内的人类历史交往的实践活动问题,是一个新的课题。研究新课题需要新的方法。这种以历史唯物主义为指导,以历史的纵向考察与理论的横向剖析相结合,以逻辑的比较与归纳相参照的综合方法,已被证明其学术理论上的实效性。

伟人之间的交往,和其他历史交往一样,是双向的、相互的。这在甘地与尼赫鲁之间的政治交往活动中清晰可见。他们之间相互的分歧不仅始终存在,而且他们之间的对话也始终存在。分歧可以说是尖锐的,而且涉及民族民主运动的目标、方法和对未来社会的设想。他们分别代表了民族民主运动中传统主义与现代主义两种不同潮流,在政治理论上看来是不可调和的。但在政治实践上,这两种潮流的主要领导人的交往并未演化为不相容的相互交恶,也未使交往破裂而分道扬镳。沟通分歧的主要渠道是对话。从交往的程序看,是分歧—对话—妥协—合作。对话是一个关键环节,是消除或淡化分歧、彼此让步、求同存异而走向真诚合作的主要交往步骤和渠道。对话的形式有:直接对话(交谈、争辩、讨论)、互相通信(解释各自观点)、在报纸上开诚布公讨论分歧。在甘地和尼赫鲁之间的政治交往中,不但分歧与对话始终交织,而且总是不隐瞒各自的观点和对对方行动上的不满,并能以真诚的对话面对分歧,经过对话相互妥协,达到真诚的合作。

具体地说,他们都以民族独立事业的政治大局为重,在实际行动中互相克制和让步,维护国大党统一,在思想理论上彼此修正和主动靠近,以求步伐一致。互相理解和互相信任是真诚对话的必要前提。例如,关于非暴力主义问题,甘地和尼赫鲁经过多次对话,发生了很多变化。当 1922 年曹里曹拉事件后甘地突然终止非暴力不合作运动时,尼赫鲁表示极大不满。甘地向尼赫鲁写了一封长信,承认这个决定在政治上是不合理、不明智的,而在宗教上却是正确的。尼赫鲁对这个解释表示理解,并为甘地的决定找了许多客观理由。双方通过对话沟通了。1942 年关于是否用非暴力方式保卫印度问题,甘地和尼赫鲁进行了多次激烈争论,甘地改变了观点,不反对武装保卫和抵抗法西斯,而且以后多次声明,支持尼赫鲁用武力捍卫民族利益的立场。尼赫鲁则敬佩甘地在非暴力原则与印度自由二者的选择中的"现实政治家"战胜"不妥协先知者"的"惊人转变"。双方对话渠道再次沟通,求同存异,达到了真诚的合作。

甘地和尼赫鲁一为传统主义、一为现代主义,但他们的思想深处上都有对人的关注,而"人"在甘地思想中尤为精髓所在。从他们之间长期真诚的对话和真诚的合作历程中,我们感受到从交往的视角关照人的本质的必要性。他们之间的互相理解、互相信任是在长期合作共事中产生的深厚感情。这种感情便成为他们真诚开展对话、从而解决或淡化分歧和使对话成为有效交往的渠道。从他们运用对话方式进行合作的经验中,揭示了社会交往所凝聚和沉淀的人的本质的丰富内涵。人们的交往一方面是作为个人之间的交往,另一方面又是作为一定社会身份和角色的交往,这种两重性决定了人的本质是人的个性和社会特性的统一。甘地和尼赫鲁在政治家的人际交往中,把传统性与现代性既作为各自的个性,又在各自的社会性中汇流和交织,并形成合力,在印度社会进步和发展中发挥作用。我们从他们两个伟人的长期历史交往中,看到了传统与现代融合的缩影——一个在印度现代化进程中不断解决传统与现代这一对矛盾的缩影。

印度学者和诗人泰戈尔在《没有墙的文明》中写过这样一段寓意深刻的话:"印度人……把世界和人在一起包括在一个伟大的真理里。印度人强调在人和宇宙之间和谐,他们认为如果宇宙对我们来说是绝对无关的东西,那么我们将不能与周围环境有任何交往……这就是为什么《奥义书》将获得人生目的的人们描写成'宁静的人''与神合一的人'的原因。"交往所追求的是人的全面发展,因为这是世界新文明的中心。交往也追求人与人之间和人与大自然的协调和谐,尤其关注工业化、科技与人文因素的结合。交往的这些追求和 21 世纪人类对和平与发展的共同追求是完全一致的。进一步研究人类的历史交往遗产,包括甘地和尼赫鲁之间交往的遗产,对于在各国现代化建设中加强交往活动的途径、方法和措施,对于培养人们的交往意识和交往能力,都具有启迪意义。

1949 年,克里帕拉尼在孟买出版的《甘地、泰戈尔和尼赫鲁》一书中,称甘地和尼赫鲁长达 30 多年的结合是"人类合作的史诗"。该书还指出,他们两人的名字在印度自由斗争史上是不可分割的,"只要人们写书和阅读历史,他们就会一起受到人们的纪念"。

现在,有一个中国青年学者把甘地和尼赫鲁的合作史诗写成书出版了。他,就是尚劝余博士。这本书虽然是在他的博士学位论文基础上修改而成,但写这本书的科研积累却有 6 年以上的时间。他的硕士学位论文就是《尼赫鲁其人及其思想》。他围绕着这个课题写过系列论文,仅在攻读博士学位期间,发表有关甘地和尼赫鲁的学术论文就达 9 篇之多。我作为他的博士导师,在他的博士学位论文答辩会上,曾建议加以修改后早日出版。在本书出版之际,劝余嘱我为之作序,我欣然应允了。师生情谊是人类最美好的感情之一。我为我的学生每一成果发表的高兴心情,实不亚于自己成果的发表。欣喜之余,我在序中把我近几年关于"历史交往"问题的思考也写进去了。因为我感到甘地与尼赫鲁的关系,是一个围绕民族复兴对话的历史交往的典型史例,所以把序言写得长了一些,目的在于进一步加深研究。

彭树智

1996 年 11 月 25 日于西北大学悠得斋

《战后日本对中东政策研究》序①

　　李凡博士的著作《战后日本对中东政策研究》即将出版,他希望我写一篇序言。

　　这个提议使我回忆起他在西北大学中东研究所攻读博士学位的岁月。他原本研究日本史,早有科研积累,但尚未涉猎中东研究领域。记得入学之初,如何同中东研究接轨成为他面临的首要问题。

　　在科学研究上转移方向,如同人类迁徙一样,是经常发生的事。但科学研究上的位移,必须考虑到原来的生长点与转向之间的连接性。尤其是博士研究生,只有两年多时间,要出前沿性的创新成果,不仅要考虑到科研的连续性,还要在新方向上找薄弱点,方能有所突破。

　　符合以上两方面要求的正好是日本中东关系史,其重点课题应当是第二次世界大战后日本对中东政策的演变。中东由于它的古老文明,特别是重要的战略地位、丰富的石油资源以及民族、宗教冲突,历来同外部世界有着密切的交往关系。在当代国际关系中,中东始终成为热点地区。在我国,研究多关注中东与欧美大国的关系,在苏联中东关系史、美国中东关系史、欧洲中东关系史等方面都有专著问世。唯独日本中东关系史相对薄弱。为此,经过反复权衡,我终于确定了"战后日本对中东政策研究"这个课题,作为李凡博士学位论文题目。

　　现在看来,确定这个大课题是符合学科特点和李凡个人的实际情况的。新的选题成了他新的科学研究生长点。在这个具有开拓性的课题的研究上,他先发表了一系列有关的文章,在此基础上,经过综合、拓展,完成了系统性的博士学位论文。到南开大学以后,又继续收集资料,思考日本对中东政策演变的关键问题,进一步深化这一课题的研究,提高了学术水平,取得了现在

────────────────

　　①　本序载李凡著《战后日本对中东政策研究》一书,天津人民出版社2000年版。

的可喜成果。

《战后日本对中东政策研究》比起博士论文有了很大的进展。综其要者，有以下诸点：

第一，根据第一次石油危机时期日本对中东政策变化的资料，他认为日本的"中立"政策，实际上是"坐视强者欺压弱者"，而阿拉伯诸国也对此有所认识，从而把石油武器对准日本。美国对此无能为力，为维护以石油为基础的经济正常运转，日本只好改变政策。

第二，根据石油危机时日本国内经济影响的资料，他进一步分析内政与外交之间的辩证关系。石油危机使日本经济从高速增长转变为中速增长，也使日本放弃了自50年代中期实施以重化学工业为龙头、带动整个经济腾飞的战略。日本被迫采取了调整国内主要产业结构、调整原材料型产业，发展装配加工型产业，走低消耗、高效益、高科技的经济发展之路。产业调整的核心是减少对石油的依赖程度。同时，日本对石油依赖的减少，也为其加大对中东的"参与"创造了条件。

第三，对博士论文最大的增补，是对1991年马德里和会以及此后日本的中东政策的论述。这是日本全面参与中东和平进程的新阶段。引人注目的是下列事实：日本是多边国际谈判环境委员会主席国，是经济开发、水资源、难民事务委员会副主席国，是运营委员会成员国。

第四，本书中提出了日本的"亲阿拉伯"政策的概念，用以表述石油危机后日本改变了的中东政策。日文书中常见"亲阿拉伯"字样，很有伸缩性和不确定性。"亲"到什么程度，有解释余地。本书在国内首次提出这一概念，并赋予它以确定的含义，是合乎历史实际的。

第五，对博士论文中有许多论点都加深了论述，关于中东是日本"政治大国"战略的突破口，就是一例。日本确实重视东南亚，但是历史上的侵略占领，东南亚对此不会忘却，日本对此也持谨慎政策，不敢贸然从事。中东则不存在这个问题，特别是作为经济、技术大国的日本，容易放手在中东地区进行大胆尝试。

总之，在日本中东关系史研究中，本书是第一部系统专题研究的专著，为进一步全面研究中东国际关系史奠定了新的基础。从成果类型而言，这部著作属中东国际关系史方面填补空白性的成果，是继苏联中东关系史、美国中东关系史等书之后,又一部创新性著作。

当然,我认为本书是李凡博士研究中东日本关系史这个大课题的开始阶段性成果,是有关对中东政策演化的大专题之一。虽然有了较大的进展,但毕竟仅仅是第一步。日本中东关系史是一个大课题,很有开拓性。随着时间的延伸,必定有新的资料补充于本专题的内容;同时还有一系列有关专题需要继续研究。只有专题性研究成果的长期积累,方能有高水平、综合性的中东日本关系史出现。

在这里我想举一个例子。这就是日本文化外交和中东的关系。战后初期,在美国占领期间,在日本外交毫无选择的条件下,日本政府及国民基于对战争的反思,提出了重新塑造日本形象的"文化外交"的设想。在日本社会中,"文化日本、经济日本、和平日本"思潮方面,"文化"居于首位。1957年日本外务省第一号蓝皮书中,文化外交已见端倪:"国家间文化交流的重要性近年来渐渐被认识,各国每年都在加强这一活动。因为以文化作为媒介,可以加深国民间的互相了解,扩大交往,还可以增进国家间友好亲善关系,甚至于对维护世界和平也可以做出巨大贡献。之所以强调推进文化外交,就是要发挥文化所拥有的重要的超国家式的作用。"

这种"文化外交"口号的提出,与当时美苏对峙的冷战局面直接相关。日本是美国的远东冷战体制的一部分,但从本国利益出发,又必须保持与其他国家接触。因此,"文化交流"和"贸易通商"便成为日本与其他国家交往的首要形式。当时的文化合作计划大纲中,规定每年邀请许多国家与地区约130名留学生赴日本留学,其中就包括伊朗、埃及等中东国家在内。

不过,战后日本文化外交战略正式产生于70年代,大力推行于80—90年代。因为70年代是日本经济进入稳定增长时期,由于石油危机之后的外交战略调整,1972年直属日本外务省的特殊财团法人——国际交流基金会成立。这是日本政府把文化外交提上日程的标志。1974年日本外务省蓝皮书中,确定了文化外交的目标是"我们必须对各国及其国民有一个明确认识,而且使各国了解我国的文化、历史、传统及国民性,加深相互间的理解。"日本文化外交战略分别体现在以后年代首相、外相的演说及外交蓝皮书中,其潜在目标是把文化外交作为日本综合安全保障的一环,以期实现更长远的政治目标。

值得提到的,中东成为日本文化外交的重点之一。1976年1月,日本派遣石川忠雄教授、牟田口义郎论说委员、外务省、文部省、国际交流基金会的有关人员共 6 人组成的文化交流调查团,用 3 周时间访问了伊朗、伊拉克、叙利亚、埃及、阿尔及利亚。调查团为了探讨同中东各国进行文化交流的形式和可行的有效途径,同各访问国的政府官员、文化人、教育工作者交换了意见,考察了各种文化、教育设施,提出了日本同中东各国进行文化交流的意见。

这次调查的结果,编辑出版了《与中东对话——关于文化交流》一书。该书集中反映了日本与中东文化交流的各种情况,加深了对文化外交的认识。文化外交被看成同经济外交同时起飞的双翼,它们不仅可以促进本身目标的实现,还有利于政治目标的达成。文化外交和文化交流也被区别开来。牟田口义郎在书中就指出:"文化交流是指有一种事实存在,例如派教授、召集人员,或者派遣运动员,开办柔道课堂等等。但是文化外交却与它不在一个水平,它比文化交流更高一个阶段。也就是说,文化外交属于政治范畴,是政府首脑的重大决断。……重要的是应该考虑二者的紧密结合,例如,文化交流中产生的问题用政治来解决,这就是文化交流的一例。"

因此,1976 年的日本国际交流基金会中东文化交流调查团的中东之行,是日本文化外交战略在中东的体现,是日本在东南亚、南美等发展中国家外交活动的一部分。正是在这一时期,许多日本考古专家也到了中东。我曾经同日本考古学者樋口荣康交谈过,他曾去阿富汗北部同法国考古学者一起从事发掘工作,保护了文化遗产。我由此想到,如果在政治、经济外交研究的同时,在日本对中东文化交流政策方面进一步研究,必然会丰富战后日本对中东政策的内容。当然,这只是一例而已,诸如此类课题,还有许多。我希望李凡博士勤奋、严谨、求实、创新,百尺竿头,更上层楼,继续取得更多更有学术水平的成果。

彭树智

1999 年 12 月 3 日于西安

《沙特阿拉伯的国家与政治》序^①

"不论什么书,序言总是写于最后而放在最前。"

这是 17 年前我在一本书的自序开篇引用俄国文学家米·莱蒙托夫(1814—1841 年)在《当代英雄》序中的一句话。

现在,我在为王铁铮同志的《沙特阿拉伯的国家与政治》一书写序时,又想起了这句话。确如莱蒙托夫所说,我这篇序是最后写成的。一部约25 万字共 10 章加上导言的书,即将出版。这时我才动手为它写序,这不是写在最后吗? 但在目录上却排在最前! 莱蒙托夫说"不论什么书"都是如此,可见这是序体文的一般规律性。

但是,序体文的前与后,仅仅说明了一个顺序问题,实际上序体文是一个很复杂的文体,各种序体文因人、因时、因地而各有不同。就是以顺序而言,也不一定写于最后而都是急就之作。我这篇序文就是这样,虽然是写于本书的最后,但对本书所涉及课题的思考,以及对王铁铮同志在这一科研生长点——沙特阿拉伯问题进展情况的了解,却是很久以前的事。

王铁铮同志原来就是从事中东问题研究的。我同他有两度师生情谊。他先是我的硕士研究生,后来又是我的博士研究生。我培养研究生,着力于科研意识、科研基本功、科研生长点和科研成果四个方面,其中选择科研生长点属科研人员的长远发展方向,因此尤为注重。生长点必须在硕士研究生阶段确定,并在加强科研意识、训练科研基本功的同时,初步体现为系列的科研成果。王铁铮同志选定的科研生长点,是他旨趣所在,并且是有开拓性的沙特阿拉伯问题。

从八十年代以来,他在这个科研生长点上坚持不懈,孜孜以求,特别是通过硕士和博士研究生阶段的勤奋和有创造性的攻读,他发表了系列性的成

---

① 本序载王铁铮主编《沙特阿拉伯的国家与政治》一书,三秦出版社 1997 年版。

果。八十年代前期,他发表了《现代沙特阿拉伯的社会变化》《沙特阿拉伯妇女地位的变化》《战后沙特阿拉伯与美国的关系》和《沙特阿拉伯财政状况》等论文。八十年代后期,他发表了《现代沙特阿拉伯的奠基者伊本·沙特政治活动探讨》《瓦哈比运动与早期的沙特国家》《沙特阿拉伯伊赫万运动的兴衰》等论文。九十年代,他除了陆续发表有关沙特阿拉伯问题的论文外,参加了我主编的《中东国家和中东问题》(1990 年河南大学出版社出版)、《阿拉伯国家简史》(1992 年福建人民出版社出版)和《伊斯兰教与中东现代化进程》(1997 年西北大学出版社出版)三书的编写,把他有关沙特阿拉伯问题的研究逐步深化。特别是通过博士论文的撰写,使他的科研生长点更坚实、更广阔和更有拓展性了。

现在出版的这部《沙特阿拉伯的国家与政治》,可以说是他长期以来在沙特阿拉伯研究的科研生长点上结出的硕果。它是"七五"期间国家社会科学基金研究课题《沙特阿拉伯君主制、家族统治的历史与现状及其与伊斯兰教的关系》的最终研究成果。他担任本书主编,在全书约 25 万字中,承担了近 20 万字的撰稿任务。

《沙特阿拉伯的国家与政治》是我国第一部比较全面和系统探讨沙特阿拉伯王国历史与现状的著作,它以大量翔实的史实资料,较为详尽地论述了沙特王国以伊斯兰教为旗帜,通过部落征服战争,从部落酋长国拓展为现代民族国家的历史发展轨迹。它是一部关于沙特王国的综合性著作,同时又集中探讨国家、宗教与政治问题,而在探讨中突出地提出了一些新的观点。其中主要有以下几点:

第一,沙特王国君主制的特点。作者认为,沙特王国实施的伊斯兰君主制是一种传统与现代因素并存的、由传统封建君主制向现代资本主义缓慢转化过程中的有限君主制。这种君主制是渊源久远的宗教地域特征和根深蒂固的阿拉伯部族传统所决定的。

第二,沙特王国世俗政权与宗教神权的关系。作者认为,沙特王国世俗政权同宗教神权始终维系着一种彼此支撑、互为依存的关系。这是因为沙特王国实施的以家族统治为特点的世俗君主制同伊斯兰教及其组织结构之间存在的某种契合性。但从根本上看,在衡量沙特政教联盟的天平上,国家利益高于宗教利益,宗教对沙特王权来说,乃是实现其政治(目的)*的手段与工具。

第三，伊斯兰传统与现代化的结合问题。沙特王国的具体国情和民情，使沙特世俗政权必须以伊斯兰教为立国之本。这种指导思想反映在治国实践上，则是在世俗与宗教、传统与现代化之间小心谨慎地寻找最佳的结合点，并以"进两步、退一步"的渐进方式，推进社会发展和国家的现代化进程，从而缓慢地向君主立宪制和民主政治过渡。

第四，沙特王国经济和社会结构演变的突发性。这种突发性主要是借助外力在短时间内完成的。从整体上说，沙特国民未能长期经受现代大工业社会的洗礼和熏陶，加之古老的阿拉伯部族传统和伊斯兰价值观的影响，因而造成了沙特政治未能得到相应发展。

本书还有一些其他方面的特点，这里不再列举。总之，对正在经历深刻变化的沙特王国的研究，能有这样的进展，是我国中东研究的可喜可贵的新收获。一个中东问题研究者，对沙特王国这样一个具有代表性的国家十几年持之以恒地进行系列专题的深入探讨，此种敬业精神尤其值得提倡。学贵一专，学贵自得，选准一个科研生长点，锲而不舍，伴以勤劳岁月，必有所成，本书就是例证。做科学研究要有科学精神，首先在态度上须敬业；其次在方法上要宏观与微观相结合，做到"眼在远处，手在近处"；最后，也是最重要的，要在选准科研生长点的既定基础上，有计划有步骤、步步为营、针针见血地扎实前进，希望作者们能力、知识与时俱进，目标随之升高，永不满足。这就是我在"写于最后"的序文中所要说的"最后的话"。

彭树智

1997 年 9 月 25 日于西北大学

《沙特阿拉伯——一个产油国人力资源的发展》序①

《沙特阿拉伯——一个产油国人力资源的发展》,是黄民兴同志在他的博士学位论文基础上,经过修改和充实而完成的一部专门性的著作。

黄民兴是我的第一届博士研究生之一。作为他的导师,我很高兴看到这部专著的出版,并乐意为这本书写序。

这是一本系统、深入研究沙特阿拉伯人力资源发展问题的著作。它从沙特阿拉伯的经济发展的独特性出发,研讨了该国经济发展所带来的对人力资源的需求、教育制度的变化与特征、人力资源从传统部门到现代部门的转移与形成,以及该国劳动力的特点。尤其是本书从绪论到最后一章,首尾呼应,总结了沙特阿拉伯人力资源发展的独特道路,富于理论概括,能给人以启迪。

这本书的科研积累厚实。它是在一系列论文的基础上写成的,而且作者有十年左右的连续性研究时间,并有在英国和中东国家的多次考察工作经历。它在许多方面有独特的见解和新意,就其主要方面,可列举如下几点。

一、关于沙特阿拉伯的劳动力转移模式的归纳。作者认为,沙特阿拉伯的劳动力转移模式为:"农业→服务业、工业",而不是绝大多数发达国家所经历的"农业→工业→服务业"模式。沙特阿拉伯的模式,不同于"配第一克拉克法则"。另外,在农业劳动力向现代部门转移之前,还存在一个传统部门内游牧业向定居农业转移的过程。

二、关于沙特阿拉伯教育体系明显的发展不平衡性的论述。作者把主要表现归结为:高等教育的超前发展;职业技术教育的落后;普通教育(主要是初等教育)的落后。由此而造成的结果是:高层人才的过剩、中层技术人员和熟练劳动力的缺乏和对外籍劳力的依赖。

---

① 本序载黄民兴《沙特阿拉伯——一个产油国人力资源的发展》一书,西北大学出版社 1998 年版。

三、关于沙特阿拉伯资源动员体系的弊端的分析。所谓资源动员体系也就是政府机构对经济资源和人力资源(教育和卫生事业)的动员体制。这是沙特阿拉伯政府长期奉行的人力发展战略的中心和努力不懈追求的目标。作者认为,其弊端是以文科教育为主、不平衡发展和严重依赖外籍劳动力,其缘由主要在这种以建立资源动员体系为中心的人力发展战略上。

四、在方法论上,作者运用了多学科和跨学科的理论和方法,特别是吸收了发展经济学、教育经济学等经济学科的概念和方法,使本书在占有充分资料的基础上,进一步提高了科学水平。例如本书对教育的成本和效益的分析,就加深了对沙特阿拉伯劳动力问题的理解。

作者研究的课题,是沙特阿拉伯社会经济发展中的一大难题。该国官员、企业家和经济学家在最近几年,都把话题集中在政府紧缩开支之后的公民就业和维持慷慨的福利制度的难题上。沙特阿拉伯政府从80年代以来,提出了为该国公民就业的新口号:"沙特化"。沙特人口约为1800万,约有600万是外侨,在私营部门的职工中,沙特人不到7%。一些经济学家估计,沙特的失业率为20%,而失业是产生社会动乱的肥沃土壤。这就是沙特政府正努力实施1995—2000年发展计划,以解决失业问题的依据之一。计划规定,必须吸收65.99万新的沙特失业者,其中约80%受过中学水平或中学水平以下的教育。它预计在计划期间,会出现34万个新的就业机会,其中30%是专业或技术领域的就业机会。

但问题的严重性还在于,沙特阿拉伯人口增长的速度快于经济增长的速度。沙特阿拉伯是主要石油输出国家。由于油价下跌导致主要石油输出国出口收入减少,受此影响,沙特阿拉伯的国内生产总值增长率从1996年的2.4%,下降到1997年的1.8%。人均国内生产总值自80年代初以来下降了一半以上,从1981年的1.88万美元降到1995年的6000~7000美元。经济学家估计,到20世纪末,沙特阿拉伯的人口增长率将会保持在3%~4%。尽管采取了种种措施,但前途不容乐观。因此,关于人力资源这一课题的研究,还有深入开拓的广阔余地。

《沙特阿拉伯——一个产油国人力资源的发展》,是继1997年《沙特阿拉伯的国家与政治》一书之后,西北大学中东研究所出版的第二本有关沙特阿拉伯的研究成果。这两本著作,从不同角度深化了对沙特国家的研究,为这个世界储油大国和主要石油输出国的国家通史的写作,准备了必要的条件。对中东国家或国家群进行现实与历史相结合的具体研究,是一个长期、稳定的研究途径。中东国家是中东地区的基础,中东国家是中东地区诸多利益核心之所在,中东国家又是中东种种矛盾的交织点和具体承担者。同时,一个国家的通史,往往是研究水平的标志。为《沙特阿拉伯——一个产油国人力资源的发展》写序的时刻,我的脑际再一次浮现出酝酿已久的夙愿:应当有一套由我国学者撰写的中东国家通史,和外国学者的同类著作并列在图书馆的书架上。我主编的《阿富汗史》,已初补此愿,但仅仅是开始。我相信,一本本成果的连续智力积累,拾级连步而上升;一代代学人的不懈薪火相传,驿驰接力以行进,这个夙愿终会逐步实现。

彭树智

1998 年 7 月 31 日于西北大学

《以色列经济振兴之路》序①

得知《以色列经济振兴之路》即将出版的消息，我感到十分欣慰。

作为博士生导师，我一直认为，博士生的学位论文应当在毕业后两年内出版，以发挥其社会和经济效益。我还有个想法，即博士论文应当有两种出版方式：一种是专业学术性的，另一种是专业普及性的。这样，就可以使博士论文发挥更大的作用。

张倩红同志这篇博士论文是一篇专业研究与大众言说相结合的论文，同时又是社会效益与经济效益兼而有之的论文，因而，它的出版，一举三得，特别使人高兴。

重提这篇博士学位论文，不由使我想起了 1999 年 5 月论文答辩会上的情景。当时，与会的学者都给予了很高的评价。

我的学兄、陕西师范大学刘念先教授说："张倩红的博士论文《以色列经济振兴之路》是一个可喜的收获。这是一部很难得的有强烈现实意义的学术专著。它的论述层层深入，分析细密，论证充分，发人深思。作者不仅研究了以色列的各个经济领域和有关因素，更难得的是，通过这个研究对发展中国家的现代化提供了极有价值的借鉴，而且作者尤为关注的是以色列的经验对我国现代化的启示。"

刘念先教授还说："论文的文字也极清新流畅，是一部有很高水平的出色的博士论文，很有必要向国家推荐和公开出版。"

刘念先教授的建议是很中肯的。我本想在今年把这篇论文作为优秀博士论文推荐给国家学位办。现在这本书已提前出版，我想，刘念先教授也会很高兴的。

实际上，刘念先教授的评价，许多答辩委员也是认可的。例如郑庆云教

---

① 本序载张倩红《以色列经济振兴之路》一书，河南大学出版社 2000 年版。

授也认为,这篇论文"在总结以色列成功经验的基础上,文章对一些理论层面的问题,如经济发展与社会发展的同步性、战争因素与经济增长的互动作用、以色列现代化的模式等做了深入的探讨,立论有据,富有见地,发人深思,是本文的精华,具有极强的实用价值和重大的理论意义。所提的若干问题,对我国当前的改革开放,有借鉴作用"。

不但是答辩委员们,就是其他同行专家,也对这篇论文有较高的评价。给我印象最深的是中国社会科学院西亚非洲研究所所长杨光研究员的审查意见。他写道:"论文的主要优点在于立论准确,论据充分,分析得当,重点突出,资料翔实,引证规范,行文比较流畅。通过阅读这篇文章,确可对以色列经济发展获得比较完整清晰的了解。""论文对以色列现代化提出的几点思考,对于进一步深入探讨以色列经济发展问题是有意义的,也具有一定的启发性。特别是作者对以色列经济发展和东亚发展模式的比较分析,以及对战争因素与经济发展关系的辩证分析,都是有创见的看法。"

杨光研究员的建议,也是切中实质的。他认为论文所论述的基本上是一个经济发展问题,"如果作者能够参考和使用一些发展经济学的理论和研究方法,可以使分析更加透彻"。

近一年前的这一幕幕情景,继续向前延伸,延伸到张倩红同志读博士学位的三年岁月。一位女同志,有孩子和家务拖累,仍锐志不减,努力学习外语,钻研理论与专业,尤其是勤于笔耕,在读期间发表了十几篇专业论文,这是很不容易的。更何况她还有一本《犹太人·犹太精神》专著问世,这是我培养博士生十几年来少见的。

就以这篇博士学位论文而言,从选题到写作提纲,再到草稿和修改,整个写作过程给我的印象是:她的领悟性高,科研积累厚实,治学态度严谨,为人谦虚、乐群、敬业。所以,她的博士学位论文《以色列经济振兴之路》被答辩委员会评为"具有很强的理论性和现实性","是一篇高水平的优秀博士学位论文"。究其原因绝非偶然。

我在答辩会上,曾以冰心的祖训"知足知不足,有为有不为"作为赠语,希望张倩红同志既看到成绩,又知道不足之处。我还以自己的"文章是改出来的,学问是做出来的"体会,希望她多做修改提高的工作。应当说,博士学位论文达到这样的水平是不容易的,因为它毕竟是在有限时间、有限资料、有限语言条件,特别是缺乏对所在国的实地考察的有限条件下写成的,所以有不少的局限性。这一点张倩红同志有清醒的认识。我希望这本书的出版,是她科研道路上新起点的标志。她正在南京大学做博士后的科研工作,我想她一定会再接再厉,取得更好的成果。

犹太哲学家马丁·布伯(Martin Buber,1878—1965)在 60 岁时离开德国移居巴勒斯坦,以后 27 年间,一直在以色列任教。他是一位长期致力于人类和解对话的杰出哲人。我之所以在序言最后提到了他,一是因为他对交往理论有特殊贡献,二是因为在他的交往哲学中,把"我—你"关系首先看作是人与人之间的伦理关系。他认为,人类社会中所存在的亲密真挚关系中,师生关系和医患关系是"我—你"关系的生动体现。在他看来,一旦我们超越了社会中的认识关系、利害关系,一旦我们视人如己地把他人看作是与我休戚相关、命运与共的人生伙伴,我们也就同时置身于"我"与"你"的关注之中,一个现实的"你"就展现在我们面前。

这位哲人的理论乍看起来是深奥的专门学问,实际上是一种人生哲学,是一种对人际关系异化的抗议。因为这种异化造成了人与人之间的隔离疏远,人们之间的直接交往被知识、金钱、权力这些工具所取代。师生关系是人类最美好的感情之一,谁人不怀念一生中培养自己的师长?又有哪位教师不怀念自己培养过的学生?看到自己学生的成长,是教师生涯中最大的安慰。我在这篇序言的最后,衷心祝愿张倩红同志和我所有的学生,百尺竿头,更进一步,百倍珍惜如布伯所说的"人类社会中存在的亲密真挚的师生关系"。

彭树智

2000 年 3 月 1 日于西北大学中东研究所

《土耳其政治现代化思考》序①

从 20 世纪 80 年代以来,我国对土耳其的研究有了长足进步,报刊上有价值的论文日渐增多。但是系统的著作或专题性的著作却为数不多,而刘云博士的《土耳其政治现代化思考》就是其中学术性较高的一本。它是深入研究中东现代化课题的新成果,是探索土耳其现代化模式的专门著作。它遵循理论与实践相结合的原则,具体问题具体分析,有不少创新之见。其研究是认真的,方法是科学的,探索是成功的。

刘云同志是我的博士研究生,他的这本书是在博士学位论文的基础上加工而成的。我从来主张博士学位论文是以一系列开拓性论文为核心,而且在答辩之后能修改出版面世。现在刘云这样做了,我对这本书的出版比我自己研究成果的发表更感到高兴。喜悦之余,我还是重复一下我在刘云论文答辩会上所说的话:知足知不足,有为有不为;认识自我,超越自我!

彭树智

2001 年 12 月 1 日于西北大学

---

① 本序载刘云《土耳其政治现代化思考》一书,甘肃人民出版社 2002 年版。

《现代中东妇女问题》序①

中东妇女问题是中东研究领域内一个特别值得关注的重大课题,因此在西北大学中东研究所的研究人员和研究生中,有许多人都从事过这方面的研究。从 20 世纪 80 年代开始,就陆续有一些文章发表,其中包括几位女研究生以此题目作为硕士学位论文。伍庆玲同志的博士学位论文《现代埃及和伊朗的妇女问题》,是较为系统和深入的专题研究。自从 1997 年这一专题完成后,她又在此基础上,继续收集资料,思考中东妇女问题的个案和整体课题,终于在新千年伊始,完成为 20 余万字的专著,并在付梓之前,要我为之作序。作为她的导师,这是义不容辞,而且是令人高兴的事。

研究妇女问题离不开人类文明发展史,尤其离不开人类的文明交往史。西方学者多从女性主义角度来研究妇女问题。美国学者罗斯玛丽·帕特兰·童的《女性主义思潮》(华中师范大学出版社 2002 年版)中,把这种研究概括为 7 种类型:自由主义女性论、激进主义女性论、马克思主义女性论,精神分析女性论,存在主义女性论、后现代主义女性论、多文化全球女性论和生态主义女性论。自从 20 世纪 90 年代以来,这种研究不断深入文化思想内部,在政治学、经济学、法学、历史学、哲学和伦理学领域,对父权制的历史文化结构和男权思想结构进行分析。

这些研究趋势,在我看来实质上是人的自由全面发展的问题,是人类要进行真、善、美的追求,探索和创造所面临的人与社会、人与自然、人与自身之间的诸多矛盾处理问题。妇女的解放实质上是人的解放问题,是把妇女当人来尊重的问题。人的尊严问题既有独立的经济基础和社会地位,也有不依附、不奴役、不支配、不欺骗的独立人格和自由思想文化关系。捍卫这种对人的尊重,在传统社会可以突破神权、君权和父权、男权的枷锁,在现代社会科

---

① 本序载伍庆玲《现代中东妇女问题》一书,云南大学出版社 2004 年版。

学冲破物质力量、文化暴力、种族歧视、阶级压迫、性别支配的罗网。在人类文明交往中,男性和女性之间的互相尊重和互相理解,都是"人的解放"的桥梁。

东方人为何难以获得西方人文意义上的尊重,其根源在于对于西方文化和传统文化的双重矛盾。只有尊重而不是依附才能获得理性的人文的平衡。这就是人们之间交往的文明自觉。心灵的寄托,也许是东方人尊敬的底线,因为互相尊重不仅体现在表面的礼节,而主要是体现在内心的理解。东方人的心灵寄托,比西方的个人权利在交往中占的位置更高。

写到这里,我想起了出生在巴勒斯坦的埃及女文学家梅·齐亚黛。不少人对阿拉伯文坛巨匠纪伯伦十分关注,却忽略了同纪伯伦素未谋面而鸿雁传书19载,维系着心灵的炽热爱情的阿拉伯才女齐亚黛。她1908年随父母移居埃及,通晓法、英、西班牙、拉丁、希腊等8种语言,创办了男女文学家共同参加讨论的文学沙龙。从1912年开始的20年间,成为促进阿拉伯文学复兴的重要场所。她回到黎巴嫩后,父母和远方所爱之人纪伯伦都已过世,伤心之余而重返埃及,在开罗了却残生。终身未嫁的齐亚黛,虽然生活在阿拉伯世界到处是男权的社会里,然而她在《罗马喷泉咏叹调》(上海译文出版社2002年版)的散文集中,字里行间却充满着由知识理性带来的自信、独立和人的尊严。她把自己放在文明交往的底线之上,用自己的人生证明了知识、文学所塑造的心灵寄托,最终将使妇女和男人一样,在人类文明史上平等相处。请看她在《随笔》中写得多么好:"文学的美与人的美一样,是多种多样的,其中有温馨的美,它有着五彩的名称,而内里却是清澈的,如晨曦美;也有夜色美,它充满着温情与庄严,也拥有光亮、奥秘、苍穹和神奇。"

谈到妇女在人类文明交往中的作用,不能不涉及中东另外一个大国伊朗。1997年,伊朗总统穆罕默德·哈塔米提出了"文明对话论"。在文明对话的开放思想指导下,伊朗不但在对外交往中取得了新的进展,而且在内部交往中也发生了很大变化。伊朗社会生活日益开放,男女约会、跳舞、接吻等生活方式已在约10%的穆斯林中流行。结婚年龄也延后到男24岁、女20岁。妇女戴黑巾、穿黑袍、不露头发和脚的规定,也被包头巾、刘海头发、穿凉鞋、甚至穿牛仔服所取代。据有关统计,伊朗150万大学生中,女学生占有60%。这在女性文盲率占55%的阿拉伯世界中,是绝无仅有的。哈塔米在《从城邦世界到世界城市》(中国文联出版社2002年版)中写道,他所关注的是对政治体系中的"人"进行俯视,并对"人"这一万物之灵在政治体系中所有的地位进行研究。如果把这个话题转到妇女问题,不由使人想起西蒙娜·波伏瓦在被誉为"女性主义圣经"《第二性》(The second sex)中的话:我们都是"人",当人类的两性不必再去争夺靠不住的性别特权时,男人女人就能够成为手足相依,为争取"人"的解放而携手同行。

科威特公主诗人苏阿黛·萨巴赫在《2000年的女性》一诗勇敢地宣布了男女平等的"文明对话":我本可以咽下泪水,/吞下压迫,/像女囚一样安分受己。/我本可以充耳不闻一切苦难者的呻吟,/一切被压迫者的呼喊和千万个死者的反叛,/但是我却违反了女性的规矩,选择了面对着的话语……/

从这首宣布妇女解放的诗句中,我们看到了阿拉伯妇女的觉醒。最近几十年间阿拉伯女性文学的兴起,使宾特·巴哈尔提出了"女性是什么,女性应该怎样生活"的深刻社会问题;使哈黛·萨曼提出了"保留文化遗产"和敞开心扉用现代语言同世界交流的文明交往观点。男女性别本身是无法改变的生理自然特征,但有一件东西是可以改变的,那就是文化、传统、教育赋予的社会性别特征。妇女只有真正拥有了作为人的社会性别时,才能去发现和实现作为人的价值。人与人的交往,常常是思想和意志力的较量,女性不仅要在经济上、社会上要自立,而且要在精神上站起来,在人类文明交往的思想天空中与男人比翼飞翔。在序言的结尾,我觉得应该用诺贝尔文学家纳吉布·马哈福兹的话作为结语:

"我拥护正义,反对暴虐;拥护自由,反对专制;拥护文化知识,反对无知;拥护和平,反对征服,我相信这是一种思想意识。"

这位作家在《宫间街》《思宫街》和《甘露街》这"三部曲"中,所创造的、被誉为最佳女性形象的母亲艾米娜,显然是一个完全丧失自我的妇女。但他着眼于客观地再现生活,通过对女性心理研究,展示女性的不幸社会地位,特别是提出阿拉伯妇女觉醒的思想命题,为阿拉伯文学、为阿拉伯妇女问题在各个领域的深入研究,开拓了思路。我希望伍庆玲博士在这本著作的基础上,进一步考察中东妇女问题,深入思考世界妇女问题的新进展和中东妇女问题的独特性,百尺竿头,更进一步。是为序。

彭树智

2003年3月8日于悠得斋

《文化无根：以 V.S.奈保尔为个案的
移民文化研究》序①

梅晓云同志的《文化无根：以 V.S.奈保尔为个案的移民文化研究》即将出版，她嘱我为之作序。此书原为她的博士论文，经全国同行学者评审及论文答辩，均给予好评，并提出修改意见。我看到这本修改之后马上要面世的著作，作为她的导师，很乐意写一篇短文，以表达欣慰之情。

《文化无根：以 V.S.奈保尔为个案的移民文化研究》是一本颇具学术个性化的著作。它有两个显著的学术特征：第一，它的跨学科性；第二，它研究的个案性。它纵横文、史、哲，融会社会、民族、文化诸学，尤其是同文明交往论接轨。它对堪称独特类型的奈保尔的移民文化，追考其发展阶段，探究其精神危机，并从印度与西方存在主义寻觅其哲学根源。跨学科性是"挖湖"式的开阔基础，个案性是"掘井"式的深化内涵，这两者结合，对民族元气的文化、认同感的价值本干，以及文化大树之根的哲学精神的居高临下观察，则有赖于科学的理论思维的指引。在我看来，全球化文明交往的规律性，是可应用的理论思维模式之一，因为移民文化无非是不同文明之间互相交往过程的产物，而在 21 世纪，这种影响和作用越来越加强了。

梅晓云同志在攻读博士学位期间，步入了她学术个性化之路。她在百年西大老校和 40 年西大中东研究所的"勤奋、严谨、求实、创新、协作"的"五训"和"理论、知识、外语、古汉语、写作"的"五功"学术气氛的熏陶下，自强、自得、自律，写出了被许多学者称赞的"优秀博士学位论文"。她是从文学领域进入史学领域，又从史学领域进入哲学领域，学习了世界史、文化史、文明交往论，因而对移民文化的研究，没有停留在文化学的单线与单一的思维模式上，她

---

① 本序载梅晓云《文化无根：以 V.S.奈保尔为个案的移民文化研究》一书，陕西人民出版社 2003 年版。

在读期间,由于在职学习,负重承轻,任务繁多,但能自觉地养德行、敬业性、用灵性、求悟性、炼韧性,并且勤于笔耕,在《外国文学评论》等刊物上发表了7篇关于奈保尔的专题论文,为博士学位论文夯实了学术个性化的基础。我相信,她在中东研究所这3年攻读博士学位的书路生涯,对她一生的治学执教,都是一个难忘的、具有深远影响的砥砺和磨炼。

细心的读者可能会发现,她这本著作只有引论和后记而没有结论。书的最后是以提出问题作为结束:奈保尔打算作为自己未来的归宿的所谓"普世文明"是不是真的会到来? 它真的就是这些移民的归宿? 我以为这是本书的又一个学术个性化特色,它实际上包含着研究无止境的阶段性结论和强烈的问题意识。这种对"奈保尔问题"的深厚的科学研究兴趣,是可贵的实事求是的科学品格。的确,在21世纪全球化文明交往的时代里,移民文化具有特殊复杂性和多变性。我的文明交往论也只是为此问题的研究,提供了一个理论思考的空间。我热切地希望她继续培养自己具有"渊博学识、思路敏捷、哲理深邃、文笔隽永的素质和修养"①,继续用艰苦劳动获取"自得之见"、敢于探索难题、并扎实走向新的"大智慧"之路②,写出更好的学术个性化的著作。

彭树智

2003 年 7 月 14 日于悠得斋

---

① 彭树智:《时代、历史学家的步履和史学观》,《史学家自述》,武汉出版社 1994 年版,第 597 页。

② 彭树智:《略谈博士生的学术个性化培养》,《学位与研究生教育》,2003 年第 1 期。

《经济视野下的巴勒斯坦》序①

《经济视野下的巴勒斯坦》是一本很有特色的学术著作。我之所以说很有特色,是因为:第一,它的科研意识强。在研究巴以冲突的热点问题上,本书把切入点放在巴勒斯坦一方为何处于处处退让的劣势地位这个人们较少注意之处。第二,尤其可贵的是,它把视角集中在巴勒斯坦经济问题的研究上,在这个人们普遍忽视的领域内,本书深入探索,得出了"正是巴勒斯坦经济的弱小及对以色列经济的严重依赖,导致了巴方在双边关系中的不利地位,从而造成建国问题一波三折"的结论。第三,本书在对大量翔实资料及统计数字详细梳理的基础上,对第一次世界大战后直至 20 世纪 90 年代的巴勒斯坦阿拉伯经济作了阶段划分,进一步得出了许多新颖的论点,如"政治主体的缺失从根本上制约了巴勒斯坦经济的发展""全球化冲击巴勒斯坦经济",等等,从而丰富并完善了主题。总之,这是一本处于本研究领域的前沿性著作。

本书是作者在博士学位论文基础上继续提高的著作。作者的韧性治学精神,体现在全书的字里行间。作为她的导师,我为本书的面世而深感欣慰。长期以来,中东始终是举世关注的热点地区,而巴以问题又是热点中的热点。作者从经济视野观察巴勒斯坦,是一个全新的视野。经过反复修改而成书,这对中东问题研究是一个不可多得的贡献。我很关注研究生的学术生长点。一个有开拓性的生长点,关系到一生的治学之路。我希望李秀珍同志继续努力,举一而反三,开拓创新,以更扎实的学术成果为中东问题研究增光添彩!

彭树智

2004 年 5 月 11 日于西北大学中东研究所

---

① 本序载李秀珍《经济视野下的巴勒斯坦》一书,陕西人民教育出版社 2005 年版。

《核时代的现实主义——基辛格外交思想研究》序①

基辛格是世界著名的外交家、外交思想家,1971年因秘密访问中国、打开中美关系的大门而声名鹊起,尤其在中国,几乎家喻户晓。此后,基辛格长期致力于中美关系,多次访问中国,对促进两国的文明交往作出了突出贡献。因此,中国学者关注他、研究他的外交思想,完全是顺理成章的。从20世纪80年代以来,国内关于基辛格外交思想的文章陆续发表,但都缺乏系统性。巨永明博士的《核时代的现实主义:基辛格外交思想研究》是国内第一部比较系统深入地研究基辛格外交思想的学术专著。它强调基辛格的现实主义特征是核时代,而不是传统意义上的常规实力现实主义,这就区别于国内外研究者对基辛格外交思想的定位。它的突出特点是细致地划分了基辛格的外交战略思想和策略思想,首次提出和论证了基辛格的外交心理理论、外交选择理论、弹性外交理论和领袖素质理论。它从哲学、历史学和现实主义三个层次对基辛格的外交思想作了评价,照应了基辛格自谓的"外交哲学"理念。它遵循理论和实践相结合的原则,归纳合理,论证严密,研究认真,方法科学,具有学术上的开拓性和创造性。

我从研究文明交往问题中注意到,外交是人类文明交往的一个极其重要方面,古往今来,不同文明之间的诸多交往活动,都可以归结为外交,而不同形式的外交活动推动着文明交往关系的发展,外交家成为文明交往的活的灵魂和纽带。具体地研究一个外交家的外交思想,可以深入探寻人类文明交往的内在思维路程,找到人类文明交往的质的规定性。因此,研究基辛格外交思想对于当今全球化时代的文明交往研究具有较高的学术意义和实践价值。

巨永明同志的这本学术专著是他在西北大学中东研究所做博士后的研

---

① 本序载巨永明《核时代的现实主义——基辛格外交思想研究》一书,中国社会科学出版社2005年版。

究项目之一,是在博士学位论文的基础上,经过两年后续研究完成的。作为合作导师,我对他的研究成果出版面世比我自己研究成果发表更感到高兴。欣喜之余,还是愿重复一下他进站后我赠送他新著《文明交往论》扉页上所写的话:博采众长,师者为先,后来居上。我在他出站之时,也愿把今年出版的《松榆斋百记:文明交往散论》一书中引用爱因斯坦的话,转赠于他:"唤起创造性的表现与求知之乐,是为师者至高无上的秘方。"文不尽言,是为序。

彭树智

2005 年 1 月 5 日于西北大学悠得斋

《印度古代观音信仰研究》序[①]

宗教是人类社会生活的基本要素之一,是文明的一个核心内容。古往今来,人类文明总是在交往中发展,在交往中丰富,并在交往中发挥其塑造灵魂、影响自然和改造社会的作用。在文明与交往的互依互存的一系列互动因素中,宗教成为文化传播与交流的一个重要载体。

佛教作为世界三大宗教之一,它从古代南亚向亚洲其他地区的传播就伴随着不同文明体系之间的交往历史,特别是佛教从南亚、中亚等地向中国的传播,成为古代世界持续时间最长、规模最大、影响最为深刻的一次文明交往,在整个人类文明史上写下了浓重多彩的一笔。

从表现形态来看,支撑佛教整个理论架构和实践体系的基本概念是菩萨。菩萨信仰自古以来就是全部大乘佛教中最流行的信仰形态。而在各种菩萨中,具备大慈大悲品格、以解救现实苦难为职志的观音,则受到中国人最热烈的欢迎。伴随着观音信仰的传播,中国文学、艺术、哲学、伦理、民俗、养生、医药等许多文化形态都受到其强烈的影响。因此,在很大程度上可以说,不了解观音,就不能完整理解中国人的信仰,也就不能全面理解中国的文化。

在印度文明和中华文明的交往史上,作为大乘佛教的重要象征,观音信仰自东汉末年和三国时期开始,从印度源源不断地传入中国,历时约一千年之久。所以,中国的观音信仰其实是经历了一个长期的文明交往之后才逐渐确立起来的。理解中国的观音信仰并探究和把握观音信仰向中国传播过程中所体现的中外文明交往特征,必然要建立在对古代印度观音信仰源流进行深入研究的厚实基础之上。可是,我国学术界对古代印度观音信仰起源和演变的研究却非常薄弱。李利安教授的这本《印度古代观音信仰研究》,从学术研究现状出发,溯源探流,寻根求本,可谓填补空白的厚重学术著作。

---

① 本序载李利安《印度古代观音信仰研究》一书,陕西人民出版社 2006 年版。

李利安教授在佛教研究领域已有很好的学术积累,对观音信仰也早有研究其源流及意义的兴趣。在他攻读南亚文化史方向的博士学位时,作为导师,我建议他把毕业论文的研究方向确定为观音信仰的源流研究,得到他的完全同意。此后,他便开始了努力的研究工作,并最终完成了36万字的长篇博士学位论文《古代印度观音信仰的演变及其向中国的传播》。我当时对其的基本评价是:"本论文具有厚实的学术积累,有考索与独断的功底,有广阔的世界视野,有相当前沿性的学术水平,是我多年来少见的优秀博士学位论文之一,我很高兴看到这本勤奋、严谨、求实、创新的研究成果,它实际上是一部有学术价值的专著。"这次,他应《西部人文丛书》副主编方光华教授之约稿,将原博士论文当中的印度观音信仰研究部分单独抽出,加以修订,形成现在的这本《印度古代观音信仰研究》。

本书一个突出的特点是对时间、空间、人间这三个文明交往重要条件的把握和运用。时间即机缘,空间即地缘,而机缘、地缘,都是为人所用。人是主体条件。历史时间是人化的时间,历史空间是人化的空间,人缘统领着机缘和地缘。离开了人,离开了人的主体性活动,就无法认识时间和空间。李利安教授的这本书从时间、空间和人间三个条件的有机结合上,对古代印度观音信仰的起源和流变进行了缜密的追溯。这种追溯既展现了观音信仰发展的历史脉络与演变的内在机制,也体现了作者研究思路与研究方法的清晰到位,从而使本书具有较高的学术品位和学术个性。

一本书的学术品位和学术个性,取决于作者的治学门径。章学诚在《文史通义·答客问》中曾经说过:"由汉氏以来,学者以其所得,托之撰述以自表现者,高明者多独断之学,沉潜者尚考索之功,天下之学术,不能不具此二途。"对章学诚的治学总结,从学术史上还可以再进一步,即:独到的史学理论见解和扎实的考证功夫,二者的完美结合,才是治学的理想境界。从整体上审视本书,二者都达到了较好的程度,并且体现了沉潜的考索与高明的独断之间的密切结合,表现了自己的学术特色。当然,在这两方面的结合上,本书走出了可贵的一步,还有待于进一步的完美化。

如何完美化?由此我又想到学术研究中的问题意识与求真精神。学术研究不可无问题意识。问题意识是学术研究的前导力。发现问题,提出问题,分析问题和解决问题,组成了学术研究的思维逻辑和行为的中轴线。问题意识从广义上讲,是产生于对时代、经济、文化、宗教、风俗、民情等各方的情感体验,以及这些体验对学人研究的问题影响。鲜明的问题意识,其实是很复杂的,它可以使学术研究焕发勃勃生机,又可导致学术研究混乱。这里,一刻也不能离开求真的科学精神和态度。

问题意识的关键在于"适度"。它体现着科学精神,即:度要适,不能过。管子说:"言不得过其实,实不得过其名。"真正有价值的学术研究,应游弋于问题意识与历史意识、当代眼光与历史眼光、主体性与客观性、批判激情与学术规范之间,从中细心地找到它们之间的"度"。平衡性是度的良性表现,及时调整、选择研究课题,尤其需要掌握度的尺寸。度的学问在于关注事物发展过程中的平衡性。有了平衡性,度才显示其重要性。

科学态度促进着问题意识的自觉,而问题意识的自觉,既表现在"打破砂锅问到底"的连续性追问过程中,还表现在运用各种科学理论和方法,去深入解决问题的整个研究过程中。即使是在理论和方法的运用过程中,也要有连续追问的科学求真精神。例如比较方法,不仅要关注"同""异"与可否比较的角度,还要有意识地透过比较方法,从中发现容易被人们忽略的"问题入口"处,而只有寻觅到科学研究的"入口"处,才有希望进入未被探索问题的核心。总之,问题意识是一个重要的科学思维方式,它是研究者自觉地把连续追问作为论述的切入点,把探索终极原因作为研究问题的主要突破口和落脚点。

科学精神和科学态度的要义之一在于"真",若失去"真",科学就会步入"伪"的邪路上去。失"真"与滋长造假心理和单纯追求数量而产生的浮躁心理有关。科学研究是和勤奋与严谨治学紧密相连,与冷静、执着和耐得寂寞有不解之缘。真,这是学人的基本素质。沉下心来做长线研究,动"真"感情、下"真"功夫、求"真"学问,才能出"真"知灼见,才能学有所成。科学研究是求"真"的工作,是求"真"务"实"、求质量而不单纯求数量的工作。真感情、真功夫、真问题、真学问、真知灼见,一个"真"字了得!

李利安教授的《印度古代观音信仰研究》,不但在问题意识和求真精神方面迈出了可喜的步伐,体现着精益求精的严谨治学精神,而且在印度文明和中华文明这两大文明的交往史上,开拓了广阔的研究空间,因而值得称赞,也值得向学术界推荐。

汉代扬雄有"百川学海而至于海"的警句,宋代范成大有"学力根深方蒂固"的诗句,愿与利安共勉。是为序。

彭树智

2005 年 5 月 4 日三改定稿于悠得斋

两大文明体系交往研究的开拓性成果

——《伊斯兰文明与中华文明交往的历程和前景》序①

马明良同志的博士学位论文《伊斯兰文明与中华文明交往的历程和前景》即将面世。作为他的指导教师,我怀着十分欣喜的心情,乐于为之作序。

我之所以十分欣喜,是因为他静心读书、潜心治学,在过去研究伊斯兰文明的学术积累基础之上,勤于思考,锐意进取,勇于创新,在人类文明交往的重大课题上,做出了扎实的创造性成果。

我之所以十分欣喜,还在于他是一位对伊斯兰文明和中华文明都有较深功底的穆斯林学者,正因为他有兼通两大文明的优势,因此能从历史和逻辑结合上,把人类文明交往问题研究,引入更加贯通的状态。

我之所以十分欣喜,也在于他对伊斯兰文明和中华文明交往的探索,从当代问题入手,通过大量历史资料的收集、鉴别,在历史的高度上进行微观、中观和宏观的分析,开掘历史深层的文明宝藏。

这个"欣喜",不是一般的欣喜,而是"十分"欣喜。除以上缘由外,我还要为中国穆斯林学术界高兴。我一直认为,博士学位论文在通过答辩后,最好在两三年之内修改出版,以见之于社会效益。我看到我的博士研究生的学位论文出版,心情总是比我自己的书出版还要高兴;而马明良同志这本研究伊斯兰文明与中华文明交往历史、现实和前景的著作,这本用我的文明交往论为思路、又出自穆斯林学者之手,面对这本有开拓原创性的学术著作,我怎能不"十分欣喜"呢? 又怎能不"乐于"为之作序呢?

重读马明良同志的博士论文,在我脑际重现着他在西北大学中东研究所攻读学位的岁月。那时,我的《文明交往论》在陕西人民出版社出版不久,我

---

① 本序载马明良《伊斯兰文明与中华文明交往的历程和前景》一书,中国社会科学出版社 2006 年版。

主编的《阿拉伯国家史》和《二十世纪中东史》也在高等教育出版社出了修订版,我主编的《中东国家通史》十三卷本正在商务印书馆陆续出版。和这些以文明交往论为理论线索的著作问世的同时,我为博士研究生开设了内容相同的讨论课程。文明交往论研究的对象与一般文明学研究的不同之处,在于它关注不同文明之间和相同文明之内的相互作用和影响,尤其关注不同时间、不同空间、不同人群在文明交往中整体的动态的历史进程。人类文明交往在人与自然、人与社会、人与自身的活动中,在物质文明、精神文明、制度文明、生态文明的交往活动中,在不同民族、不同宗教、不同国家之间的交往活动中,都体现着历史的内在联系。马明良同志在学习中,特别重视文明交往中的"文明对话"问题。他注意到明清之际我国穆斯林学者以儒家学说诠释伊斯兰教经典的历史,也考察了美籍华裔学者、当代新儒家夺标人物杜维明和美籍穆斯林学者纳斯尔教授1993年在哈佛大学、1995年又在马来西亚大学举办的伊斯兰文明与儒家文明研讨会。2002年8月,杜维明在南京大学和哈佛大学联办的伊斯兰文明和儒家文明对话研讨会;1998年伊朗总统哈塔米在第53届联大正式倡议将2001年定为"全球文明对话年"和2001年联合国《文明对话宣言》的发表,1993年亨廷顿"文明冲突论"的发表等,对他都有所启发。他学习文明交往论写了一些文章,而体会最深的是:文明对话是一种"积极的"文明交往;文明冲突是一种"消极的"文明交往。他正是以这一理论思路展开对两大文明交往的历史和前景的研究的。

本书最突出的创新之处,在于把伊斯兰文明和中华文明交往问题,放在全球化的大视野之下,对具体问题进行具体分析。我认为全球化绝不仅仅表现在经济方面,全球化是一个文明化的概念,它涉及人类社会文明交往的各个方面。文明对话是一种开放态势,是全球交往文明化的需要。人类生活在不同文明之中,但却居住在同一个地球之上。文明对话是人类文明交往的主要途径。人类文明的生成和发展,人类文明程度的提高,人类智慧的升华,各大文明体系的形成,无一不在文明对话的基础上演进。"文明对话是全球化条件下不同文明之间自觉而理智的生活状态"。① 英国学者E. H. 卡尔把历史

---

① 《全球化与文明对话》《历史是不间断的文明对话》,见我的未刊书稿《文明交往论札记》,第180页,第311页记。

界定为"现在与过去之间不间断的对话"。^① 在我看来,这个"不间断的对话"就是跨文明之间的互动交往过程,"人类历史即人类文明不间断的对话"^②,而且越来越走向良性互动,也就是"积极的"文明交往。作为良性互动金律的主要途径——文明对话,是人类文明交往自觉的深入发展趋势,也是本书开拓两大文明交往研究新领域、新途径和新境界的理论线索。

本书在以下三个问题上,进行了深入探索,做出了创新性的结论:

第一,它较好地解决了全球化背景下伊斯兰文明与中华文明在生态环境方面的沟通和整合问题,从而为维护生态平衡、保护生态环境提供了价值支撑。具体而论,可分为(一)整体宇宙生态观的根本启示意义;(二)向善、为公及合理分配、适度消费理念的生存启示意义。前者主要是两大文明关于人与自然和谐相处、天人合一,有助于当代人类克服"人类中心主义",摆正自身在整个宇宙中的位置,正确处理人和自然的关系,与自然共存共荣,从而实现生态文明的高度自觉。后者有助于当代人类超越"民族中心主义"的狭隘观念,改变非理性生存和发展模式,从全人类长远利益出发,进行理性思考和合理规划,以实现可持续发展。

第二,它较好地分析了全球化背景下伊斯兰文明和中华文明在世界伦理方面的沟通和整合问题,从而为人类共同构建和谐世界提供精神资源。两大文明的沟通和整合,有助于改变现代人类物质和精神追求的失衡,强调正义和精神境界的提升和内心的净化,确立一种全面而符合人性的发展观和幸福观。这是其一,其二,伊斯兰文明的"诚实""践约"和中华文明的"民无信不立""精诚"等观念的融合,再加上西方的契约意识,对于消除无信、造假和欺骗等社会现象,构建诚信社会,改进国际关系都有所帮助。其三,两大文明强调以爱为基础来处理家庭关系的思路,即以爱换取爱、彼此在感情上给对方以最大化的满足,有利于克服家庭关系淡漠、婚外恋、婚外性泛滥和虐待老人等全球性问题,从而有助于构建一种互爱、互敬、互忠的家庭伦理。

第三,它较深入地探讨了面对当前霸权主义和恐怖主义的挑战,伊斯兰文明和中华文明如何就世界和平问题进行对话,达成共识,从而为维护和平、

① 同上。

② E・H・Carr,*What is History*? Houndmills,2001,P.24.

保障人民生命财产安全,贡献高超的哲学智慧和独特的思维方式。两大文明在以下几个方面为此提供精神动力。首先,两大文明中的"和平"和"和为贵"思想的彼此沟通、互相交融和相得益彰,一旦为更多人所领悟、所接受,必将成为推动和平与发展的巨大精神力量,在全球文明化交往中作出重大的贡献。其次,两大文明都提倡仁爱、宽容,反对践踏生命、伤害无辜,主张公平、公正,把这些理念加以沟通、整合,使之成为全人类共同的文明财富,可以使霸权主义、恐怖主义失去社会基础,可以使弱肉强食的社会达尔文主义的"丛林规则"为人类所唾弃。再次,两大文明的"多元共存""和而不同"的理念,有助于维护世界的多样性和构建各种文明和谐相处的世间文明新秩序。最后,两大文明关于"和平""和气生财"的理念,也为确立和平经济学、反对战争经济学和发展全球经济、改善民生、促进人类物质文明提供可贵的文化资源。

话题又回到序言开头提到的"文明对话"上来。本书从文明对话作为理论切入点,对伊斯兰文明和中华文明交往的历程和前景问题的探讨,引起了我对文明交往互动规律的遐思。记得 1986 年在讨论《世界史》教材编写时,吴于廑先生把生产力和社会交往称之为"世界历史纵向发展和横向发展",他最早提出马克思和恩格斯关于生产力和交往问题的论述对世界史研究的意义。我也是从那时起,较为系统地阅读了《德意志意识形态》《共产党宣言》和马克思、恩格斯其他有关生产力和交往的论著。我在学习中思考的,是如何把世界史写成反映全世界、全人类的历史。西方史学家虽有《全球通史》的著作和"普世史"的热烈讨论,结果也并没有能够写成真正反映全球的普世历史。于是我先考虑的人类文明史,接着考虑的文明交往史,我想,从这个理论角度研究世界史也许更能反映世界史的"世界历史性"。[①] 因为"世界历史性"表达的是"全球化"的实质内容,其根本特征是"以生产力的普遍发展和与此相联系的世界交往为前提的"[②]。我之所以强调交往在文明史的地位,是因为交往在人类文明生成和演进中起着决定性作用,例如,"在某一地方创造出来的生产力,特别是发明,在往后的发展中是否失传,完全取决于交往扩展情况"而"只有当交往成为世界交往并且以大工业为基础的时候,只有当一切民

---

① 《马克思恩格斯选集》第 1 卷,第 87、86 页,人民出版社 1995 年版。

② 同上。

族都卷入竞争斗争的时候,保存已创造出来的生产力才有了保证"。① 此后,我在世界史、中东史、东西方文明关系史的探讨中,形成并检验了我的文明交往论,也结合当代世界各种文明交往关系,思考文明对话在互动交往规律中的作用问题。

我也研究了一些文明、文化理论和文明史著作,感到许多作者对"文明交往"问题有不同程度的忽视。即使谈"交往行为理论"的哈贝马斯,也只强调语言而忽视社会生产和交往在塑造社会制度、社会关系方面的决定性作用,他只注意某个社会内部主体间的对话,而"没有重视在全球化背景下的文明间的对话问题"②。后来,从苏联思想家巴赫金的"大对话"哲学中,我看到了文明对话所包含的互动、互补、互证的双向和多向交往特征:主体之间的相互尊重;他人与自己完全平等;"自我"与"他者"互相依存;放弃对话霸权和唯我独尊。巴赫金用"自我"和"他者","自我认同"和"互相认同"来确定文明对话的关系。③ 他的对话理论完全适用于人类文明交往,因而"是一种理想的人类交往模式"。

对我印象最深的是以色列"对话主义"哲学家马丁·布伯的社会本体交往论。这种理论的主体间性、直接性和交互性,昭示了互为前提、互相依存的人类互动交往的本质联系,为当代人类文明交往活动的伦理与政治秩序建设,提供了有益的理论思考。从漫长而激烈的阿拉伯和犹太两大民族冲突过程中,布伯的"对话主义"交往理论的出现,反映了中东和平进程中人类文明交往水平的提高、智慧的增长和理性因素的增强,因此我在《中东国家通史·以色列卷》编后记中,用了较大的篇幅来评述它的意义。④ 继布伯之后,伊朗前总统哈塔米又有"不同文明之间对话"的倡议和联合国的认同。这也说明了文明对话是消除对抗冲突、破除隔阂壁垒和走向国内和谐、国际和平的必

---

① 《马克思恩格斯全集》,第 1 卷,第 107–108 页,人民出版社 1995 年版。

② 《伊朗史中的文明交往与文明对话问题》,见《文明交往论》,第 295 页,陕西人民出版社 2002 年版。

③ 《巴赫金的"大对话"哲学》《对话交往哲理》,见《松榆斋百记》,第 63 页、288 页,西北大学出版社 2005 年版。

④ 《中东国家通史·以色列卷》编后记写于 2000 年 6 月,2001 年出版时漏排,2004 年第 2 次印刷时补排。

由之路。在《中东国家通史·伊朗卷》编后记中，我用下面的话作为结语："对话浪潮是大势所趋。二十一世纪文明化交往的新时代曙光已经出现了。"①

最近，我读到了美国学者斯蒂芬·儒的《在对话中成长："后9·11"世界的苏格拉底视角》一文，其中有这样的话："哲学作为一种实践，恰恰是与他者的对话……对话不但使我们'认识你自己'，而且也给我们带来真诚倾听他人的开放心胸；同时，从更深刻的层次来说，哲学作为对话将我带到'通'的状态。"②这位"在学习中不断成长的人"，"在对话中找到了传统的新生"③。他的"通"是融会贯通，是我们对话的理论与实践结合的具体体会，反映了我们对话是人类美好未来最大的希望所在。对话是内外交往不断发展的形态，弗朗西斯·鲁宾孙说："在将来，伊斯兰世界可能与外部力量有力地啮合，并与外部力量的互动中更全面地塑造自己。"④哈贝马斯、巴赫金、马丁·布伯、哈塔米、斯蒂芬·儒都或直接或间接谈到的交往对话秩序。哲学是学而思、思而通的学问，而"通"的中心是交往而贯通，是交而通，而不是交而恶，这是认识人类文明交往最深沉的"共通性"。我把这种"共通性"表述为"贯通的状态"⑤就是对斯蒂芬·儒的"通的状态"的另一种译法。通过不同文明系统的比较研究，实际上是我们对话的具体研究形式，是省察人类文明交往过程中"自我"和"他人"的理性态度，它体现了人类的文明自觉。

这正是马明良同志在本书中所做的工作。从伊斯兰文明和中华文明交往历史和典籍中归纳出人类的"共通性"理念，是文明交往历程中的深层研究工作，它本身就是良性的、积极的、平等的文明交往。这种文明对话具有长时段的意义。毫无疑问，在理想与实践、理念与现实之间，人们进行文明对话是存在着矛盾和差距，不同文明之间，特别是不同宗教、不同哲学和不同文化之间由于排他性因素的作用，由于信仰、理念、价值观和经济、政治、社会利益的

---

① 《中东国家通史·伊朗卷》编后记，商务印书馆2002年版，第438页。

② 哈佛燕京学社主编：《全球化与文明对话》，江苏教育出版社2004年版，第208页。

③ 同②。

④ 弗朗西斯·鲁宾孙主编，安维华、钱雪梅译：《剑桥插图伊斯兰世界史》，世界知识出版社2005年版，第297页。

⑤ 《省身与文明对话》，前引未刊书稿《文明交往札记》，第297记。

密切相关,双方随时都会失去对话的开放精神而导致交往文明化内容的丢失。对话也因此使差异变为冲突,成为对抗的手段,甚至文明异化为野蛮,至少表现为各说各话、自说自话的单向独白。面对人类文明交往如此复杂的现实,研究者不必灰心失望。因为我们知道,人类总是不断探求社会进步的规律和不断把人类文明推向更高水平;谁破坏人类文明进程和成果,总是要受到历史的惩罚。因为我们知道,实现文明对话需要一个长期智慧积累和交往力逐渐成熟的过程,也需要一个理想与现实的互换和文明化程度逐步提高的秩序建构过程。细查两个过程,宽容不同差异,注重彼此沟通,着力相互整合,光耀当今世界,泽及后世子孙。这就是文明自觉者所担当的历史责任。

我国学术界对西方文明投入了大量的时间和精力,取得了丰硕的成果。相比之下,对东方文明,尤其是对中东伊斯兰文明研究不够,需要加强。伊斯兰文明在世界文明和中华文明中,具有重要的地位。有的学者已看到了现代中国文化中三种文化(中、西、马克思主义)的互动,并与历史上的儒、释、道交往相联系思考。这里还有伊斯兰文明对中华文明的作用也应加以研究。马明良同志在这里开了一个头,也是对中华文明深入研究一个新的启示。伊斯兰文明和中华文明都是悠久、灿烂、为人类社会进步作出不可磨灭贡献而且充满活力的文明体系。这两大文明交往有许多问题,特别是中东伊斯兰文明、中国伊斯兰文明与中华文明之间的交往,需要深入研究。①

文明交往论是一种历史观。它是伴随着世界历史的发展而意在使整个人类亲近、世界和平、使全球和谐与社会进步的文明史观。只有维护人类文明的多样性,本着平等、民主、宽容精神,通过各种文明之间的互动合作、和平共处、互利互信、互学互补、共同发展,才能使人类走入丰富多彩的历史深处。马明良同志已经意识到从哲学、政治学、文化学、人类学、民族学、宗教学等各个角度,对伊斯兰文明和中华文明及其主要载体(国家)的关系进行综合研究。这是深入探讨文明交往论的开拓性设想,我想他一定会锲而不舍、自强

---

① 冯金源早在 1988 年《民族与宗教》第 3 期发表的《要重视对伊斯兰教的研究》中,就提出了"伊斯兰文明是一个完整的体系","是一个历史的现实";而对这方面的研究工作,"比西方落后了将近两个世纪",今天回味起来,仍有现实意义。见《宗教研究四十年》,宗教文化出版社 2004 年版,第 907—914 页。

不息,取得系列性、开拓性成果。序文本不易长,但行笔所至,思路欲罢不能,于是把一些文明对话与文明交往的新思考也写进序了,就此搁笔。

彭树智
2005 年 9 月 28 日初稿
2006 年 2 月 10 日修改于京华松榆斋

《观音信仰的渊源与传播》序①

　　观音信仰是中国历史上最流行的一种宗教信仰形态,对中国传统文化的许多方面特别是文学、建筑、音乐、绘画、雕塑、书法、民俗、伦理、社会生活乃至思维方式、民族精神等均产生了非常深刻的影响。它不但是一种底蕴深厚、特色鲜明的历史遗产,也是当今依然十分盛行的社会文化现象,而且也必将是未来很长时期内中国许多人的信仰选择之一。这种具有旺盛生命力的宗教信仰形态原本并不是中国人的创造,而是借助丝绸之路,通过中国与中亚、中亚与印度、中国与印度等多重复杂的文明交往链条,经过持续上千年的漫长历史,逐步传入中国的印度佛教文化。如果说印度佛教文化向中国的传播是古代中外文明交往史上最辉煌灿烂的一页,那么观音信仰的传入,则是这次文明交往当中最富神圣性、大众性、普及性、感召性的一种外来信仰形态。所以,观音信仰不但是宗教历史以及哲学、文学、艺术、民俗等领域的重要研究对象,更是文明交往领域的典型个案,值得我们认真思考,深刻剖析,理性总结。李利安教授的《观音信仰的渊源与传播》就是这方面的厚重硕果。在这本专著正式出版之际,我作为他攻读博士学位时期的导师,不禁欣喜赞叹,乐成此序,并想借此发表一点文明交往论与宗教研究,特别是信仰性佛教研究的意见。

　　李利安教授的这部书以观音信仰的渊源与传播为主要研究对象。渊源是指一种事物的根源与形成的过程,其内在动力在传承,而传播则是一种信息的空间流动与时间传递。从人类文明交往互动的基本规律来看,传播与传承既密切关联又相互有别。传承是指同一文明之内的继承、传递、积淀、发展的脉络;传播是指不同文明之间的接触、吸纳、选择和融化的脉络。传承是同一文明之内的纵向发展线索,是同一民族之内的、世代相传的、以时间为经线

---

　　① 本序载李利安《观音信仰的渊源与传播》一书,宗教文化出版社 2008 年版。

的时空变迁轨迹；传播则是不同文明之间的横向拓展进程，是不同文明互相涵化的、以空间为纬线的时空演进轨迹。传承是同一文明进步之经，传播是不同文明发展之纬，经纬交织，内化外激，于是形成了不同地区、不同时代人类文明的多样性统一的灿烂绚丽之历史百衲锦衣。传承与传播都是文明交往互动作用链条上不可缺少的内外关键环节，那个环节薄弱，文明交往就会脱离良性互动轨道，文明发展就会减弱，就会衰退，甚至会走向消亡。如果说观音信仰的渊源重在探寻这种信仰形态的形成历程，那么观音信仰的传播则重在揭示这种信仰在中印文明交往过程中所实现的渐进输入、地域突破、内涵扩充、类型变异、横向扩展等一系列文明传播的问题。

从"人类文明史"的角度看，传播更明显地贯穿着"交往"的内容。因为在这个层面上，"传播"实际上就是人与人、人与群体、群体与群体之间的文明信息互动"交往"过程的一种概括。"交往"在哲学的层面是从人类主体与客体的关系方面来讲的，而社会学各派则是从人与社会的关系角度讲"交往"的。法兰克福学派第二代代表人物哈贝马斯在《交往与社会进化》一书中，把交往对社会的创新作用提到首位，并试图以交往的一般理论为基础，实现对历史唯物论的重建。实际上马克思和恩格斯早在《德意志意识形态》中也多次运用了"交往"这一范畴，如"世界交往""个人之间的交往""普遍交往""民族内部与外部交往"和"物质交往与精神交往"等等。他们从"一切冲突，都根源于生产力和交往形式之间的矛盾"出发，从历史变为世界历史的高度，用"交往"来说明历史变革的必然性、生产力推动历史变革的更深层次原因和人类在历史变革中实现自身的文明化过程。这是哈贝马斯没有领悟到的。他们从文明程度观察人类社会的发展和文明交往的特点，这也是哈贝马斯没有看到的。因此从历史学上讲，"交往"是人类文明历史的发展过程；从史学理论而论，"交往"是历史哲学范畴，可以称之为"历史交往"。文明史、文明学研究，在20世纪中，其著作可称汗牛充栋，其学人则是群星灿烂，远则如德国人施宾格勒、英国人汤因比，近则如法国人布罗代尔、美国人亨廷顿，其成绩可为纪念价值者不少。他们或论文明之衰落，或述文明之分类，或为文明的时段，或谈文明之冲突，涉及的都是文明交往问题，惜乎未把文明与交往密切相连，做理论上的概括。我把文明和交往作为一个整体理论，来把握世界历史和人类社会发展，可称之为"文明交往论"或"文明交往观"。所谓"文明交往论"，是从唯物史观出发,即从现实人的实践活动这一前提出发,对作为历时性与共时性存在的不同实践主体之间以认识和变革生存环境或认识与变革世界为目的,从而相互发现、认识、沟通、理解、制约、影响、渗透、选择、改造等实践活动的一种认识体系,属于历史哲学的范畴。

文明交往是人类跨入文明门槛之后,直到现在,而且还将持续发展的基本实践活动。这种实践活动是由一系列属性所组成的有机整体,其中比较重要的属性有以下几种:一是实践性,这是文明交往的本质属性。人类生存和发展的基本实践活动是生产实践和交往实践。人类精神文明和物质文明的生产实践也总是伴随着文明的社会交往实践。人类也正是在文明交往实践中不断克服自身的动物野蛮性,不断加强人的文明性,从而建立和发展文明社会有序的人与人、人与自然的和谐关系。二是互动性,因为文明交往是一个人与人、人与自然关系的互动系统,是有"交"有"往",互相依赖,彼此互动,或多向互动的一种动态进程,并伴随着互相冲突、互相融合、互相渗透等复杂的交往形态。这样,文明交往又是一种交互作用观。三是开放性。一个有生命活力的文明,总是敞开大门,欢迎其他文明,并在交往的涵化基线上,广为吸收消化自己发展所需要的外来文明成分。这种涵化基线是对自己本土传统进行扬弃和转化的创造性,是对外来文明感情接受、理性升华的自觉性;这种涵化是双向、甚至是多向的,而其基本的原则是"化外",而不是"外化",即保持本土文明的基线,吸取人类文明的优秀成果,使之成为自己文明的有机组成部分,从而创造出自己民族独特的新的文明。而且只有保持自觉的、积极的开放性,文明才能发展。可见文明交往还是一种与时俱进的开放观。四是多样性。文明交往作为人类的社会实践活动,反映着纷繁的人生现实,因而其变迁轨迹呈现出复杂性和多变性,在演进形态上,蕴含着普遍性和特殊性的并存,在联系形式上表现为多类型性和多渠道性。各种文明本身和各种文明之间,都经历着不同的文明交往之路,具有不同的历史发展背景、社会制度和价值观念,传承着不同的思想文化和生活方式。文明交往多样性正像文明的多样性一样,是世界充满活力、竞争和创新的动力和源泉。所以,文明交往是一种兼容的多元观。五是迁徙性。这是指人类群体在文明交往过程中的空间位移变迁,它体现了因时因地的变易观。通过李利安教授的研究成果,细心的读者可以发现,观音信仰作为一种宗教文化,它在印度的渊源与传承及其在中国的传播与演变,均体现着文明交往的这些基本属性。

宗教是文化基因的价值核心和内在精神,所有民族文化的各门类,都不同程度体现了该民族文化的宗教精神。同时,宗教的具体表现形式又与文化的各种表现形式并列,从而成为文化的一部分。特别是在中国,宗教以各种形态的精神性文化因素而渗透到人们的意识之中。宗教与文化的密切联系,使之成为不同文明之间和同一文明之内交往的基本要素和重要载体,所以,宗教总是背负着不同肤色、不同民族、不同国家、不同社会阶层人群之间交流经验、沟通文化的重任。佛教起源于古代印度的恒河流域,后来不断向周边扩散,在公元前 3 世纪时,经过孔雀帝国阿育王的大力支持,开始向南亚次大陆以外的地区传播,其中小乘佛教向南传播,以巴利语为载体,形成了延续至今的南传佛教;大乘佛教显宗系统向北传播,经过中亚地区再传入中国,先以梵语为载体,传到中国后则以汉语为载体,形成了汉传佛教;印度大乘佛教的密宗系统翻越喜马拉雅山脉传入西藏,以藏语为载体,形成了藏传佛教。佛教对全球文明交往带来深远影响,特别是中华文化,曾深深受惠于印度佛教,而佛教也由于传入中国而得到延续光大。隋唐以来,佛教与中华传统文化融合而成诸多教派,实现了中印两大文明交往中的质的飞跃,并进一步传至朝鲜半岛、日本、越南等地,谱写了一曲规模大、影响深的人类文明交往的历史长歌。

作为这一长歌中的强音之一,观音信仰从印度到中国的历程不但充满了文明交往的诸多特性,而且以其和平、渐进、互补、普及、渗透等特点,成为人类文明交往史上的一个典型范例。与此同时,观音信仰研究还涉及历史学、宗教学、哲学、心理学、地理学、民族学、社会学、民俗学等许多学科领域,呈现出强烈的学术性和实践性。从当代学术史看,20 世纪末我国宗教学研究的关键一步,是把宗教作为文化现象来研究。这不但解放了思想,而且加深了对宗教灵性存在和宗教思维特征的认识,增强了学术的自觉。我个人感到,现在的研究应从文化层次进入文明层次,特别是进入文明交往层次,用人类文明交往观把握宗教研究。在佛教研究方面,把突破点选在信仰性佛教研究上,已经得到许多学人的共识。对观音信仰的研究,特别是把渊源和传承、传播等文明交往的环节作为切入点,进行细密、深入的微观研究和个案分析,尤为必要。也正因为如此,我不但始终支持李利安教授的义理性佛教研究,而且在他跟从我攻读博士学位期间,我建议他以观音信仰为研究对象,展开深入细致的专门探讨,在填补学术空白的同时,揭示中印佛教文化交往中所涉及的诸多关系、诸多要素、诸多特性,并尽可能总结出一些规律性的认识。李利安以勤奋、严谨、求实、创新的治学精神,在读期间,终于拿出了令我满意的高水平的博士论文。后来又经过适当的修改和调整,形成现在的这部研究成果。在这本书中,他既保持了学术研究的理性与科学,也蕴含着对佛教文化的热情与尊重;既追寻了观音信仰的历史渊源,也揭示了观音信仰的基本体系与基本特征。我认为,这是在信仰性佛教研究上的一次突破和深入,它不但完成了学科建设上一项艰巨的科研任务,填补了学术的空白,也塑造了自己的学术个性,奠定了在菩萨信仰研究领域的权威地位。

李利安教授的这部著作不但具有很强的原创性,而且逻辑贯通,结构清晰,文笔流畅,耐人品读。这使我又想起我一直追求的一种更高的学术境界。大家都承认,学术研究贵在原创,学术原创需要问题意识的指引和中国话语的表达,而学术创新、问题意识和中国话语,都离不开美的追求。学术上新的自觉、新的高度、新的成果,无不充满着诗性的、独立的、有空间理性和美的悟性的智慧。学术研究中的审美意识是人类智慧中最宝贵的智慧力量,这是一种深刻而长远的力量,往往超过了政治的、经济的、伦理的力量。人和动物都有生命活动,都有自身的生产和交往活动,但人使自己的生命活动本身在生产和交往实践中变成自己的意志和意识的对象。马克思在《1844 年经济学哲学手稿》中指出,有意识的生命活动把人和动物的生命活动直接区别开来,并且分析了动物生产和人的生产的各种不同,他特别指出:"人也是按照美的规律来建造"、来"改造"、来"创造"世界的。科学研究是人类思维的建造、改造、创造世界的生命活动,"美的规律"是它的最高境界的规律。在科学研究中首先要追求真,但美涵盖真而又高于真;在科学研究中也应追求善,但尽善而后的境界是尽美,所以,审美意识是更高层次的科学情趣和道德意识。真、善、美是一个层次递进的、逐步上升的统一过程。做学问的真、善、美相统一的气势,如释迦之说法,如观音之普度,如行云流水之在天地,庄严恢宏,清远雅正,不强服人而人自服,毋庸捧逗而自成顺理。我求真,向善,更爱美,所以,我在科学研究过程中,总要尽力使自己的论著美一些,再美一些,更美一些,尽量使文采行而远,语言顺而雅,在保持独立原创力强劲不减的同时,让思想锋芒的智慧之光更加明亮。这是一种很高的境界,虽不能至,然心向往之,奋力笃行之。路漫漫其修远兮,吾将上下而求索。愿与李利安教授共勉,是为序。

彭树智

2007 年 12 月 23 日于北京松榆斋

《伊拉克复兴党民族主义理论与实践研究》序①

民族主义是当代世界政治中重大的理论与实践问题,它直接关系到亚非民族国家体系的建构和国际政治格局的发展。特别是对中东地区这个当今地缘政治主战场的民族主义,着重进行研究尤其显得重要。研究可以是宏观的,也可以是中观的和微观的。无论什么类型的研究,具体问题具体分析是最关键的。正是出于这种考虑,我倾向于对民族主义作典型的个案方面的专题研究。韩志斌同志的《伊拉克复兴党民族主义理论与实践研究》的学术价值,在于他对伊拉克复兴党的民族主义理论与实践进行了系统的、细致的和深入的分析研究,从而在中东民族主义的直观、具体、理性的理解上,作出了重要的贡献。

这本著作既是韩志斌同志主持的国家社科基金青年项目"伊拉克复兴党民族主义理论与实践研究"的结项成果,也是他在博士学位论文的基础上,修改而成的科研成果,亦是西北大学中东研究所"当代中东重大专题研究"出版书目中的第一批著作。这一成果的正式出版,是学术研究见诸社会效果的理想途径。作为博士指导教师,我对他的认真负责和不懈努力,深感欣慰。在写这篇序言时,我又重读了这本博士学位论文的主要部分,更加确认了这一选题的理论价值和现实意义。它在资料上有更厚重的基础,论述上有创新,研究方法上有特色,在民族主义学术史上也理应有其一家之言的地位。它采用历史与逻辑相结合、理论与现实相统一,并且系统而有重点地表述了伊拉克复兴党的兴衰荣辱全过程,它用整整十章篇幅,剖析了伊拉克复兴党的民族主义理论、政治实践、经济、文化与社会治理、内外交往及其在民族国家的认同等问题,其中新的、自得之见迭出。在每章之后,都用"总结与思考"的结

---

① 本序载韩志斌《伊拉克复兴党民族主义理论与实践研究》一书,中国社会科学出版社 2011 年版。

论性语言,理出历史思维和空间图像,显示出条理有序和思路清晰的伊拉克复兴党民族主义特征。

对民族主义,我想用众多的复数形式来形容,无论是过去、现在和未来,民族主义都充满着多种变数,因而产生了各种不同的理解。挪威历史学家列夫·利托(Leif Littrup)在1992年看到我刚出版的《东方民族主义思潮》时,不但对于"东方"概念不明白,而且对"民族主义"也大惑不解。我当时向他说明:"东方"是一个政治文化地理概念,包括远东、东南亚、南亚、中东地区,其实东方是欧洲人的方位概念,现在变成了一个约定俗成的地域称谓。至于民族主义,在东方而言,是指这一地区殖民地半殖民地世界争取民族独立和建设民族国家的思想理论和政治运动。我告诉他,看一下《东方民族主义思潮》的内容之后这一切就可以明白。我事后想,也许东西方文明隔阂太深,他可能在复杂的民族主义问题上,把民族主义同种族主义混淆了。因为"民族主义经常被视为一种意识形态(或一种行为方式),这种意识形态使民族的自我意识、种族认同或语言认同成为某种寻找政治表达的学说性的核心政纲。"[①]事实上,民族主义是一种政治文化,它走向极端时,可能与种族主义相联系,从而把强调自然意义上的种族变为政治上相关的优越性。列夫·利托的研究领域不在这里,他是以研究世界小国问题为专业的学者,所以完全可以理解他的困惑。[②] 不过这种事情也反映了民族主义的复杂性。

具体到复兴党的民族主义,正如该党的全称所显示的——阿拉伯复兴社会党(The Arab Ba'th Socialist Party),包含了民族、宗教、历史、理论、组织等诸多因素。这种复杂性,充分反映了阿拉伯——伊斯兰文明在当代文明交往条件下,由衰落走向复兴的自觉过程。作者在本书中提到,该党创始人和担任领袖二十多年的米歇尔·阿弗拉克,是一位信仰希腊东正教的基督教徒,正是这位非穆斯林的阿拉伯民族主义者,提出了一个有关人类文明的关键词:"复兴"(用阿拉伯Ba'th来表述)。在阿拉伯语中,Ba'th有双重含义:复兴(民族意义上的);复活(宗教意义上的)。把"复兴"作为该党的核心名称

---

① 安德鲁·文森特:《现代政治意识形态》,袁久红等译,江苏人民出版社2005年版,第414页。

② 我很感谢他,是他第一次把《世界史》六卷本和编写情况介绍给欧洲同行。

和宗旨,说明阿拉伯民族主义的文脉,深深植根于古老的阿拉伯——伊斯兰文明的土壤之中,同时,用"社会主义"作为该党的特征,并把"统一阿拉伯民族"作为"不朽使命",则反映了它的政治性和时代性。"复兴"对于文明交往而言,其重要意义在于提醒研究者注意,在人类文明发展的萌生——成长——兴盛——衰亡过程中,还应补一个特殊阶段:有些古老民族文明,在衰落之后并未走向消亡,是衰而不亡,走向了"复兴"阶段。"复兴"是文明交往的一个值得关注的概念,它意味着一种古老文明的韧性生命力和开放的价值观,是人类文明自觉的表现,这种自觉"追寻人类文明交往中的盛衰与复兴,是人类在文明交往中不断摆脱新的枷锁而获得思想解放,是人类在实践中加速社会进步和文明程度的升华"。①

民族主义是民族国家建构和政治认同的自觉理论形态,据本尼迪克特·安德森研究,这种形态始于德国的语言民族主义者赫尔德(1744—1803),而赫尔德的理论旨在解决民族认同和国家认同问题②,其思想也成为萨提·胡斯里(被誉为阿拉伯民族主义精神之父)的理论渊源之一。正如本书所言,伊拉克复兴党是西方文明与阿拉伯——伊斯兰文明互相交往的产物和后果,它受着文明交往互动规律的制约,是自发与自觉并存和交互转换。从安德森对民族主义起源与散布的分析中,有美洲"克里奥尔民族主义"、欧洲"语言民族主义"、官方民族主义和殖民地民族主义"四波"的历史阶段。复兴党的民族主义属于最后一波,其任务是使殖民地政府转型为"民族国家"。这里除了表明民族主义的巨大张力外,对伊拉克复兴党有两点可作参照:一是它的两面性,既掀起民族独立运动,反向作用于帝国主义,又有排斥性和迫害性的民族运动;既促进了殖民体系的崩溃,又造成民族之间的冲突。二是它的非理性的情绪化、绝对性的对抗思维,敌视现代国家建构典范,对外交往中僵化刚性的对抗立场。对伊拉克复兴党,还有一个问题,即它受泛阿拉伯主义影响,后来走向用战争扩张势力范围之路。在没有建构好自己民族国家体制情况下,

---

① 韩志斌:《从文明交往到文明自觉——彭树智教授访谈录》,《历史教学问题》2009年第2期,第22—26页。

② 本尼迪克特·安德森:《想象的共同体——民族主义的起源与散布》,吴睿人译,上海人民出版社2003年版,第81页。

四处出击,对外树敌。萨达姆如鲁迅比喻的那种嘴里没有"毒牙"、额上却标着"蝮蛇"的人物。他打杀别国,又引发被别国打杀自己的行为,终于演出了新兴民族国家轻率动武的扩张主义悲剧,从而充分显露了盲动的、不自觉的民族主义的脆弱性。

阿拉伯复兴党之所以把"社会主义"作为党的三要素之一,不是偶然的。"统一、自由、社会主义"三者的排列也是有意识的。"它意味着党的纲领是基于下述事实,即一个阿拉伯人必须成为一个民族主义者才能达到自由。这最终必然导致统一,并由此达到社会主义。"①为何要增加上"社会主义"? 这里有时代、政治和历史背景。第二次世界大战胜利后,直到 20 世纪 80 年代,在殖民体系崩溃后建立的民族独立国家体系中,以"社会主义"命名的民族主义政党有 100 多个,党员近 2000 万。这种既有地域特点、又有民族主义本质和社会主义因素的思潮,是亚非拉美执政的民族主义者为解决国内复杂矛盾的政治文化选择。但是,"不管是米歇尔·阿弗拉克的非宗教的社会主义,还是哈菲兹·阿萨德的温和社会主义,都被认为既不是科学社会主义,也不是民主社会主义,甚至不是伊斯兰社会主义,它被称为阿拉伯社会主义,实际上只不过是阿拉伯民族主义的延伸"。② 在这里所呈现的当代东方民族主义思潮、民族主义运动和民族独立国家发展的时代逻辑,是"授者提供选择,受者自身决定取舍"的表现,它实质上反映了不同文明之间交往互动规律所制约的历史轨迹。

韩志斌同志曾经问起我由印度民族主义到阿拉伯民族主义以及由文明交往到文明自觉的书路人生历程问题。这引发了我的思路回归。我想起印度文学家泰戈尔的民族主义观:"冲突和征服的精神是西方民族主义的根源和核心;它的基础不是社会合作。它已经演变为一种完备的权力组织,而不是精神理想。它像一群捕食的野兽,总得有它的牺牲品。""西方民族最慷慨地给予我们就是法律和秩序。"③泰戈尔对本民族的深厚感情并未滑入排斥

① 福阿德·马塔尔著:《萨达姆·侯赛因》,殷罡、胡国成等译,世界知识出版社 1991 年版,第 184 页。
② 蔡德贵主编:《当代伊斯兰阿拉伯哲学研究》,人民出版社 2001 年版,第 18 页。
③ 泰戈尔:《民族主义》,谭仁侠译,商务印书馆 1989 年版,第 11—25 页。

性、对抗性思维的泥潭,反映了他清醒理智地理解了人类文明交往的自觉。这种广阔的世界视野,使我进而想到了中东:"中东的当代史时期,是殖民体系崩溃、民族国家体系形成和现代化文明交往的新时期。""全球性的文明自觉把中东深深卷入世界历史进程之中。尤其是全球性网络用交往的拉力把不同文明'拉'在一起,使之冲突融合;又用交往的推力把不同文明'推'开,使之在变革中回归本位,从而加深了中东地区的一与多、同与异、常与变的社会结构模式。"①其实,科学研究也是人类的一种自觉的生命活动,是求真中的理性自觉,是向善中的道德自觉,是爱美中的审美自觉。在《伊拉克复兴党民族主义理论与实践研究》成书之时,爰以为序,与韩志斌同志共勉。

彭树智

2009 年 10 月 20 日于悠得斋

----

① 彭树智:《〈中东史〉的书前书后》,《西北大学学报》(哲学社会科学版),2009 年第 4 期。

《霍梅尼"教法学家治国"理论研究》序①

　　《霍梅尼"教法学家治国"理论研究》是吴成同志在其博士《霍梅尼"毛拉治国"思想研究》的基础上进一步研究取得的成果。32 年前,阿亚图拉·霍梅尼领导的伊朗伊斯兰革命震惊世界,使其成为 20 世纪中东和世界有影响的历史人物,影响一直延续至今。世人对发挥过重要历史作用的霍梅尼褒贬不一,见仁见智,盖棺而不能论定。霍梅尼思想研究属于当前国际政治研究中的一个前沿性课题,吴成同志这一研究成果,有助于我们从更深的层面上认识霍梅尼的政治学说,更好地把握当代伊斯兰文明和西方文明交往的发展趋势,也有助于更深入地了解伊朗现实社会和中东民族独立国家的演进。

　　作者把阿亚图拉·霍梅尼思想放在 20 世纪的人类文明交往历史大背景中加以考察,其特点是:

　　第一,在人、宗教、自然及其关系问题上,作者提出"上帝造人,创造的不是物质的人,而是虚拟的'完人'",上帝造人的意义在于,人类为了共同的利益去创造一套社会规范,并要求人类按照这一规范去行动,以防止人向"非人"的方向异化,从而在灵魂上创造出人。作者把真主的意见看成为大众能够接受的意见,或者是大多数人的意见,这就指出了问题的本质:名义上的真主,实际上是大多数人的意志。以此为出发点,作者把霍梅尼的思想放在交往文明化的国际和谐社会之路上去评价,树立作者自己的评判标准,这有利于人类的文明交往化的探索和研究。

　　第二,作者论述了霍梅尼的政府职能观,提出了霍梅尼"制度育人""伊斯兰法制思想""伊斯兰德治思想"以及"德法兼治"等观念,得出了"阿亚图拉·霍梅尼的'教法学家治国'不是一个穷兵黩武的政府,而是一个为实现国内外文明交往的政府"的结论。

---

　　① 本序载吴成著《霍梅尼"教法学家治国"理论研究》一书,线装书局 2011 年版。

第三,作者分析了霍梅尼伊斯兰政府的形式,提到了领导人应由大多数人决定以及伊斯兰政府神圣权力来自人民的意志。

第四,关于霍梅尼伊斯兰政府的建立问题,作者提出霍梅尼的"教法学家治国"理论既吸取了法国大革命以来行之有效的社会运动经验,又摒弃武装恐怖和暴力革命。从而为伊斯兰文明在文明交往形式的和平和暴力之间的分流奠定了基础;同时,霍梅尼为伊朗制定的"法制为主,辅之以德"的政体模式,不仅符合伊朗的实际,而且为伊斯兰国家的政治现代化提供了借鉴;此外,霍梅尼还阐明了其伊斯兰"人本主义"和"贤哲思想"。

第五,作者论述了霍梅尼的伊斯兰观,并且通过与库特布和毛杜迪伊斯兰思想的比较,区别了"伊斯兰宗教激进主义"与"伊斯兰主义",并通过霍梅尼"非暴力不合作"思想的论述将其与伊斯兰激进主义和暴力主义相区分。

第六,作者在探讨霍梅尼"教法学家治国"思想演进问题上,提出了霍梅尼并不主张神职人员随意干预政治,而是在"三权分立"的框架内行使职权。特别是该章中通过《教法学家治国》与《伊朗伊斯兰共和国宪法》的对比分析,使读者看到霍梅尼因时而变的一面。

第七,作者通过伊朗的伊斯兰化与伊斯兰的伊朗化,论证了伊朗选定伊斯兰教中少数派——什叶派十二伊玛目派作为国教的原因。伊朗的伊斯兰特点与其他国家,特别是阿拉伯国家的伊斯兰的异同。这样就从人类不同文明交往的视角,去观察伊斯兰教与伊朗的关系,既把伊朗伊斯兰革命放在了普遍的伊斯兰运动中,又突出了伊朗的特殊国情,使人们既看到了当今伊斯兰运动的根源,又便于理解伊朗伊斯兰革命的特殊性。

第八,作者通过伊斯兰共和体制在伊朗政治转型中的作用分析. 通过对法国大革命、俄国十月革命和伊朗伊斯兰革命的比较分析,通过对 20 世纪伊朗立宪运动、"白色革命"和伊斯兰革命三大社会运动分析,得出结论:伊朗伊斯兰革命是在生产力高度发达的基础上,人类社会寻找人类灵魂的过程之一。

最后,作者把霍梅尼"教法学家治国"思想列为人类精神文明遗产之一,是基于当今时代全球文明多样性的现实。此外,关于伊朗是否能完成由革命政府向和平政府转变的想法,从伊拉克复兴党垮台的教训中也可反证此提法的重要性。关于霍梅尼的"教法学家治国"思想,作者认为,它反映了伊朗对政治现代化的追求,是民族振兴趋势的反映,是对全球化的参与的本能要求。

该论著文字流畅,条理清晰,旁征博引,逻辑性强,有较高的理论深度,较强的思辨性,自成一家之言,有学术价值和现实意义,是一部思想内容与表现形式结合较好的论著。

更难能可贵的是,为完成这部著作,作者个人两度自费前往伊朗搜集相关资料,表现出其严谨治学和追求真理的可贵精神。

目前,从突尼斯开始的北非、中东政局变化带有伊朗伊斯兰革命的影子,本书对于深层解读这些形势变化有很大的启发性,可以说,该书的出版恰逢其时。

还应看到论著存在一些不足之处,如对《教法学家治国》原著的内在逻辑、"教法学家治国"与伊斯兰政府是一种什么样的关系以及它们分别所指,皆未涉及。特别是对霍梅尼"教法学家治国"思想在中东民族独立国家体系发展中的地位问题,需要加以补充研究。中东是伊斯兰世界中的中心地区,伊斯兰教一千多年传承下来的政治理念是根深蒂固的,这里存在着伊斯兰共同体的"舒位"(协商)传统的民主价值观。伊朗总统哈塔米2005年5月29日的讲话中就提出了中东国家将以人民的广泛认可和拥护的政治体制和形式,来保障自己的民主、自由和发展,而任何依靠外部力量的方案都应该被摒弃。伊朗伊斯兰共和国政体,是第二次世界大战后中东形成的民族独立国家体系中的突出类型,需要进行具体而深入的研究。这样本书将更完整,更好地反映霍梅尼"教法学家治国"理论的意义。

伊朗伊斯兰文明是中东文明的一个重要组成部分。作为作者的博士生导师,我衷心希望《霍梅尼"教法学家治国"理论研究》能早日出版,并热切祝愿中国的中东学(包括伊朗学)研究,百尺竿头,更进一步!

彭树智

2011 年 1 月 25 日于北京松榆斋

《后霍梅尼时代的伊朗政治发展研究》序①

　　蒋真博士所著的《后霍梅尼时代的伊朗政治发展研究》一书,是她承担的国家社会科学基金西部项目的最终成果。综观全书,它对伊朗这个政治和宗教高度合一性国家发展进程的系统分析,特别是对它固有矛盾、潜在危机和新出现的诸多因素的跟踪研究,不仅是对中东特色政治模式的较为深入的理论探讨,而且也是对中东,特别是对伊朗局势提供了一个整体思路。本书的显著特征是学术性与应用性兼容,具有理论与实践双重价值。它对维护我国在伊朗的利益,对我国自身处理国内的伊斯兰问题和边疆问题,也有一定的参考价值。

　　对当代伊朗政治发展研究,如同对世界和中东的现实研究一样,首先要把问题放在一定的历史时代范围之内。如果是研究一个国家政治的发展,就是对研究对象的历史发展阶段和特点进行细致、深入的分析,在贯通其变化线索之中找出基本的内外联系,找出发展的走向,从而得出可靠的新结论。这种研究成果既可保证学术质量,又可从根本上保证决策工作的科学性和前瞻性。《后霍梅尼时代的伊朗政治发展》一书的基本框架分为三层结构:一、霍梅尼时期;二、哈梅内伊时期;三、重大的政治问题。第二、第三层结构是研究的重点。后霍梅尼时代至今的政治发展,作者又分为三个时期:哈梅内伊与拉夫桑贾尼、哈塔米、内贾德时期。重大政治问题归纳为五方面:法基赫体制与合法性危机、派系斗争、利益集团、知识分子与学生运动和美伊关系。这种框架和结构表现了清晰的历史思路,体现了西北大学中东研究所的学术风格:从现实问题出发,追溯历史根源流向,从反思历史的高度和深度,重视现实问题,进而关注与展望未来。

---

　　①　本序载蒋真著《后霍梅尼时代的伊朗政治发展研究》一书,人民出版社 2014年版。

研究中东政治问题需要把自己的研究视角放在历史观点的高度和深度上,结合历史来思考现实问题的整体发展。现状研究当然重点要放在现实问题上,这是出发点和落脚点。但是就现状谈论现状,如果缺乏历史发展观点,就容易出现静止和孤立的局限性,导致研究的成果缺乏相对的稳定性而经不起历史的考验,从而减弱了它的应用价值。我常跟研究国际政治问题的朋友开玩笑说,你们是打前哨战的尖兵,紧跟现实问题,快事快办,快出成果,发表了就是胜利;我的研究比较从容,是接续你们的工作,是打阵地战,是从稍高一点的历史观点上,把现实和历史相结合,去"通古今之变"①。我们中东研究所的研究生,在老师的指导下,都朝着上述学术风格方向努力。蒋真博士在这部研究成果中,把前哨战和阵地战结合起来,在培养和体现这种学术风格方面,迈出了较为扎实的步伐。

谈到当代伊朗的政治发展,结合西北大学中东所的学术风格,我在这里谈谈对马克思的《路易·波拿巴的雾月十八日》的一点学习心得。这本书是马克思对他当时法国政治事件直接观感而写的现状性研究成果。这部研究路易·波拿巴政变的论著,在它初版问世 33 年之后,仍然没有失去它的学术价值。恩格斯在第三版序言中回忆了当时的具体情况:

"这个事变像晴天霹雳一样震惊了整个政治界,有的人出于道义的愤怒大声诅咒它,有的人把它看作是从革命解救出来的办法和对革命误入迷途的惩罚,但是所有的人对它都只是感到惊异,而没有一个人理解它,——紧接着这样一个事变之后,马克思发表了一篇简练的讽刺作品,叙述了二月事变以来法国历史的全部进程的内在联系,揭示了 12 月 2 日的奇迹就是这种联系的自然和必然的结果,……这部图画描绘得如此精妙,以致每一次新的揭露,都只是提供新的证据,证明了这幅图画多么忠实地反映了现实。他对当前的活的历史的这种卓越的理解;他在事变刚刚发生时就对事变有这种透彻的洞察

---

① 这是史圣司马迁的话。全句是"究天人之际,通古今之变,成一家之言"。司马迁的历史观点是"究""通""变"三点。他研究人与自然之间的关系,贯通历史和现状的变化,创造自己的理论。《史记》是一部由古及今的通史,是站在历史观点和高深度之上的传世史学经典。

力,的确是无与伦比"。①

为何马克思这部政治著作经得起了长时段的历史检验？为何在分析活的历史中表现了如此卓越的历史理解力和历史洞察力？恩格斯用了下面两句话加以说明："深知法国历史"②；"发现了伟大的历史运动规律"③。所谓"深知法国历史"是马克思对法国历史的深刻理解,即法国中世纪是欧洲封建制度的中心,文艺复兴时代以后是统一的等级君主制的典型国家,大革命后建立了纯粹的资产阶级统治,而且无产阶级反抗资产阶级统治的斗争也比其他国家尖锐。正因为历史上法国表现出变换不已的政治形态最为鲜明,所以马克思"不仅特别偏好地研究了法国过去的历史,而且还考察了法国之前历史的一切细节,搜集材料以备将来使用。因此,事变从来没有使他感到意外。"④所谓"发现了伟大的历史规律,"是发现了唯物史观,这是理解法兰西第二共和国历史的钥匙。正是这把历史钥匙,打开了路易·波拿巴政变之谜的封锁历史大门。同时,他用这段历史事实,也检验了历史规律而取得了历史与现实相结合的辉煌成果。

恩格斯在这里用了马克思"特别偏好"法国过去历史；"考察"法国当前历史的"一切细节"；以及"搜集材料以备将来使用"的这三点提法,不仅从方法论上强调了关注历史细节和收集材料的重要意义,而且强调了学者对所从事专业情有独钟的爱好情怀。我以欣慰之情喜看蒋真同志以及许多中青年学者们对从事研究对象的专心致志精神,也衷心希望这些同志以勤奋、严谨、求实、创新、协作的学风,创造新的业绩。在这里,我重复一下 1996 年 10 月关于中东研究的一点感悟,愿与同行们共勉：

"中东地区研究者不管自己好恶如何,都应该对研究对象抱有热爱之情,否则,即使可以'分析',但不可能'理解',而理解是科学上不可缺少的。中东地区的社会变革正以自身的独特的形态在生活深处涌动,它貌似西方文艺复兴时代和现代化时代,甚至貌似今日后现代社会的某些变动,然而它绝不是西化,而是实实在在的中东历史长河中人们生存和发展方式的大变革。在这个变革中,人们自然要经受各种心理冲突和价值转换,社会也会因为内外诸

① 《马克思恩格斯选集》第 1 卷,人民出版社 1972 年版,第 601 页。

②③④ 《马克思恩格斯选集》第 1 卷,人民出版社 1972 年版,第 601—602 页。

多因素而出现动荡不安。正像历史上对变革的新理解会带来对世界的新理解一样,中东地区研究者只有从科学角度深刻理解中东社会各种人群存在发展的方式,他们的物质、精神世界和他们彼此之间以及同世界的交往关系,才能为新时代的中东研究奠定更坚实的基础。科学研究者所追求的是理解。中东研究者将通过科学分析,进一步加深对研究对象的理解。"①

谈到伊朗,我觉得它在中东地区具有极其独特地位。中东阿拉伯国家之外,它在土耳其、以色列、塞浦路斯、阿富汗这五个非阿拉伯国家中是大国,其主导民族波斯人口仅仅次于土耳其人。② 它是古文明国家,长期为君主专制国家,它同多种民族和国家交往,经过伊朗伊斯兰化和伊斯兰伊朗化,又经历过西化和世俗化,也有民族主义和现代化的历程。现在的政教合一的什叶派国家,正处在伊斯兰性与现代性,对内的平衡妥协交往与对外的强硬周旋交往的政治状态中运行。立足于伊斯兰文明、研究过西方政治史和倡导文明间对话的前总统哈塔米有一个很重要的观点:"政治产生于文明","批评政治就是批评文明。"③他对政治的界定是:政治的对象是人,是政体现象,是文明化现象,是自然界和人类社会现象之间的关系,是多元现象,是随着时间变化而变化的。他是从人类文明的兴衰荣辱交往的历史过程来思考伊朗的政治发展问题的。他站在更高历史观点上观察政治,也可以说是一种人类的文明交往的自觉。他在伊朗执政时期的种种改革努力,也是复兴伊朗伊斯兰文明的政治实践,即重铸价值观和发展模式。

伊朗是第一次世界大战后作为第一批民族独立国家而出现在世界和中东舞台上的。当时,土耳其、伊朗和中国的革命是1905—1911年亚洲觉醒的标志性政治大事。第二次世界大战后,随着世界殖民体系的崩溃,在这个废墟上建立了亚非民族独立国家体系。这个体系是脆弱、庞杂、多变的体系,伊朗是其中变化最大的民族独立国家之一。它在1979年霍梅尼革命之后,是对

---

① 彭树智:《当代中东地区性研究的几个问题——〈动荡中东多视角分析〉读后》,载《西亚非洲》1997年第4期。

② 中东地区人口总数约为4.9亿,22个阿拉伯国家。阿拉伯人约为2.8亿。土耳其人约为5500万,波斯人约为3600万。

③ 穆罕默德·哈塔米:《从城市世界到政治城市》,中国文联出版社2002年版,第166页。

抗以美国为主导的西方民族国家体系的独行者。面对着以美国为主导的西方民族国家体系和以逊尼派为主导的伊斯兰国家体系,改变自己的国际政治处境,是伊朗伊斯兰共和国面临的严峻任务。它一个矛盾焦点是应对西方国家强大的扩张体系的警惕性,以核力量来抗拒外来势力改变政权性质的入侵。的确,伊朗伊斯兰文明正走在一个艰难的十字路口上。转折是从思考问题开始的。哈塔米曾经问道:"如果穆斯林今天所面临的情况,在很大程度上是历史之必然,那么,难道他们也无法掌握自己未来的命运吗?"①也正如他所说:"提出一个尖锐问题难道不是反思的开始吗?"②伊朗正在反思中行动。

我再重复一下 2001 年《伊朗——两个体系的矛盾者》一文的结语,并作为本序的结语:

"文明在伊朗是最复杂、最矛盾的角色。古代、近代且不必说,现代曾被人承认'西化'不久,又获得了与这种性质相反的'伊斯兰性'。文明在这里有其固有的能动性、运动性、可变性,但其底层如沙丘,牢牢地固定在土地的深处的断层上。任沙粒被大风扬起,飘忽不定而吹成沙堆,它仍然巍然屹立于原处。文明的真谛和生命在变化着、运动着,它是在结构、机遇和形势之间,在瞬时段、中时段和长时段,甚至在很长时段之间的对话。对话就是文明之间的交往。文明交往的互动规律总是在发展变化和静与动两者之间互相伴随、互相补充、互为因果。对伊朗文明和中东其他文明的研究,最有效的途径是从细微处、偶然处、貌似荒诞不经处或乍看毫无意义处着手。探微知著,从偶然入必然,以怪异处研究合理合情事。这是研究者的要义所在。"③

彭树智

2011 年 6 月 6 日于西安悠得斋

---

①②　穆罕默德·哈塔米:《从城市世界到政治城市》,中国文联出版社 2002 年版,第 2 页。

③　彭树智:《松榆斋石记——人类文明交往散论》,西北大学出版社 2005 年版,第 189—191 页。此种要义可用诗的语言来表达,它就是:置身须向高远处,回首细微觅真知。诗意治学,情理如此。

《全球化与中东城市发展研究》序①

车效梅教授研究中东城市问题，有一系列研究成果，在这一研究领域中成绩斐然。最近，我读了她的《中东城市化解读》②一文，又读了她的《全球化与中东城市发展研究》书稿，深为她专心致志和勤奋、严谨、求实、创新的治学精神所感动。在这部书稿即将出版之际，她要我写一篇序言，我也乐于写一些自己的读后感言，以抒学人的学习、学问、学思情怀。

《全球化与中东城市发展研究》是车效梅教授承担的 2007 年国家社会科学基金项目，现在完稿的同名专著是该项目的最终成果。这是一部全面系统研究中东城市发展的学术著作。它在时间上从远古中东城市诞生起直到 21 世纪初；在空间范围上涵盖了中东地区 18 个国家的主要城市。它采取了历史与现状相结合、历史与逻辑相统一的研究思路和以历史发展为脉络的比较类型分析方法，研究中东城市过去、现在和未来的重点问题。它在结构上从中东城市在全球视野不同时期的地位、作用和全球化给中东城市发展带来的机遇、挑战这两个总的方面，把中东城市问题作为一个整体形态进行多角度、多学科的考察。所有上述各种研究特征及其成果都说明本书拓宽了中东史研究领域，而在中国中东研究的学术史上，也具有填补空白和继往开来的意义。

《全球化与中东城市发展研究》一书提出了用马克思主义唯物史观为指导思想，来研究中东城市问题，这是很正确的。我想就此问题，谈谈感想与体会。

全球化是研究中东城市问题的广阔时代背景，发展始终是中东城市研究的主题。全球化与中东城市发展研究所要解决的是全人类在生产和交往实

---

① 本序载车效梅《全球化与中东城市发展研究》一书，人民出版社 2013 年版。

② 黄民兴、王铁铮编:《树人启智——彭树智先生八十华诞纪念文集》，中国社会科学出版社 2011 年版，第 317—332 页。

践中自身的文明化问题。唯物史观的关键概念是生产和交往,而这两个概念又与人类文明史观息息相关。本书作者已经关注到这个问题,在第一章第一节开端,就引用了马克思和恩格斯在《德意志意识形态》中的论述。

"物质劳动和精神劳动的最大的一次分工,就是城市与乡村的分离。城乡之间的对立是随着野蛮向文明的过渡、部落制度向国家的过渡、地域局限性向民族的过渡而开始的,它贯穿着文明的全部历史直到现在。"①

这是有关城市问题的唯物史观的一个经典性表述。细心的读者一定会注意到,马克思和恩格斯这段话,是在"交往与生产力"这个标题下的首段表述。它是把交往放在生产力之前的。他们认为生产是基础,而生产发展的前提是交往。"只有当交往成为世界交往并以大工业为基础的时候,只有当一切民族都卷入竞争斗争的时候,保持已创造出来的生产力才有了保障。"②我们还会注意到,这一部分关于大工业生产首次开创了世界历史的论述中,特别提到了大工业生产"建立了现代的大工业城市——它们的出现如雨后春笋——来代替自然形成的城市"。③ 实际上,马克思与恩格斯在这段有关城市问题的唯物史观的经典表述中,已经从总体上谈到了物质劳动、精神劳动大分工的城市与乡村的分离,其实质是关于物质交往、精神交往、制度交往等人类文明交往表现的诸多方面的概括。

交往这个概念,在《德意志意识形态》一书中有几十处直接或间接提到,其含义相当广泛。它把交往的概念作为一种人与自然、人与人、人与自我身心的社会关系或社会联系来看待的。交往包括了个人、社会团体、国家之间,包括政治、商贸、战争、有限的和普遍联系的世界市场,也包括经济、制度、交换以及时代和性质不同的社会分工。马克思在 1846 年 12 月 28 日给俄国学者巴·瓦·安年柯夫的信中,就指出:"蒲鲁东先生竟然如此不懂得分工问题,甚至没有提到例如在德国于九到十二世纪发生的城市和乡村的分离。"他

---

① 《马克思恩格斯选集》第 1 卷,人民出版社 1995 年版,第 104 页。城乡关系一直是城市研究中的最大课题。法国学者孟德斯鸠在《农民的终结》(李培林译,社会科学文献出版社 2010 年版)一书中,就分析了城乡交往在法国的表现。此外,同一出版社同年还出版了美国学者理查德·瑞吉斯特著的《生态城市:重建与自然平衡的城市》。

② 《马克思恩格斯选集》第 1 卷,人民出版社 1995 年版,第 108 页。

③ 《马克思恩格斯选集》第 1 卷,人民出版社 1995 年版,第 114 页。

把城市和乡村的分离看作社会交往的、有来源、有发展的历史运动,而发展是世代文明更替的历史规律。在同一封信中,马克思还指出了两点:第一,这个历史随着"人们的生产力以及人们的社会关系的愈益发展而愈益成为人类的历史";第二,"为了不致丧失已经取得的成果,为了不致失掉文明的果实,人们在他们的交往[commerce]方式不再适合于既得的生产力时,就不得不改变他们继承下来的一切社会形式。——我在这里使用'commerce'一词是就它的最广泛的意义而言,就像在德文中使用'verkehr'一词那样。"[①]这两点既说明生产和交往的历史作用,又说明交往对人类文明成果的重大作用。人类的文明交往已经内在地联系在一起成为整体形态了。

交往虽然是一个广泛的概念,各种交往关系之间虽然是互动的、变化的,但唯物史观强调物质交往关系是一切社会交往关系的基础。唯物史观重视历史中的经济、交往因素。《德意志意识形态》中,把"交往形式""交往方法""交往关系"等提法都列入了生产关系的经济社会概念之中。马克思后来在《〈政治经济学批判〉序言》中,把生产关系从广义的社会交往关系中特别突出地提出来,强调生产关系是决定其他一切社会关系的基本关系,并且对唯物史观做了全面的经典表述。当然,这并不是说可以忽视其他交往关系。正是在《德意志意识形态》中,马克思恩格斯在"共产主义——交往形式本身的生产"的标题下,写道:"共产主义和所有过去的运动不同的地方在于:它推翻一切旧的生产关系和交往关系的基础,并且第一次自觉地把一切自发形成的前提看作是前人的创造,消除这些前提的自发性,使它们受联合起来的个人的支配。"[②]在这里,"生产关系"与"交往关系"是并提的,强调"生产关系"但并未轻视其他"交往关系",尤其是对"交往"这个生产的前提的继承性的确认,进而提出了消灭交往的自发性,使之变为自觉性,并受到联合起来的个人的支配。这种对交往和生产自觉的人,在真实的集体的条件下,可以在自主的联合运动中获得自由而全面的发展。这就启发我们从理论上对人类文明交往互动规律的认识自觉。

《全球化与中东城市发展研究》是从文明交往的视野来探求中东城市的

---

① 《马克思恩格斯全集》第47卷,人民出版社2004年版,第440、441页。

② 《马克思恩格斯选集》第1卷,人民出版社1995年版,第122页。

发展轨迹,它对中东地区之内的文明交往,作了细致的论述。这种把城市发展与文明交往相统一的思路,体现了《全球化与中东城市发展研究》的学术个性化风格。记得车效梅教授在西北大学读博士学位时,在听我讲授的《文明交往论》专题课时,曾写了一篇短文,发表在《西北大学学报》上。其中就谈到文明的生命在交往,交往的价值在文明,文明的真谛在于文明所包含的人文精神实质问题。在《全球化与中东城市发展研究》一书中,她从始至终,把城市和人类文明交往,特别是与中东城市文明发展紧密地联系在一起。中东城市文明与古希腊、古罗马城市文明,中东城市文明与西方工业城市文明,以及全球化时代的现代城市文明之间的交往互动,都在《全球化与中东城市发展研究》一书中具体化了。这是学术上的成功尝试。

马克思主义唯物史观的活的灵魂在于具体问题具体分析,在于吸收消化人类文明中创造的一切优秀成果和与时俱进的开放视野。全球化是以人类生产力的普遍发展和与此有关的世界市场、世界交往的普遍发展为前提的。这两个发展是当今世界历史性的存在,城市的发展也在这存在之中。我们现在是站在这种世界历史性存在的新起点上,是在人类以往生产实践能力(生产力)和交往能力(交往力)的基础上,不断由自发走向自觉。[①] 在全球化时代,人类文明交往的方向是多向互动的自觉化。中东城市的发展,也是随着这个自觉化过程而变化。所谓城市化,就是人类在生产和交往活动中,把生产力和交往力在城乡分工中日趋"化"为合理有序的过程。它的根源在市场经济,特别是世界市场经济。经济全球化即由此而产生而发展,从而制约着城市的发展。

化是什么? 化即变化、转变、改易。从文明交往的角度方面看,化是从交往互动规律上去认识城市发展变化的脉络。我在思考这个规律时,由人类的历史交往、文明交往深入到人类文明交往的自觉。我把这种文明交往的自觉观初步概括为九个要点,其中第八点是"八项变化",可供研究全球化、现代化、城市化问题的思考。这"八项变化"是:教化、涵化、内化、外化、同化、转化、异化、人化。教化具有中华文明政教风化、教育感化的潜移默化的人文特

① 关于交往力问题,参看韩志斌《文明交往与巴林伊斯兰社会变迁》一文,见前引《树人启智——彭树智先生八十华诞纪念文集》,第294—298页。

色,是"教化之本,在乎足衣食"(杜佑《通典》自序)的人本民生本质。涵化是西方文明中的 acculturation 的开放,包容涵摄形态,是把"消极模仿"和"积极融合"两个过程,贯穿于涵化的基线之上。人化虽列于八化之末尾,但至关重要。① 美好的城市靠文明的交往自觉支撑,在全球化时代,尤其如此。我有二十字文明交往自觉词:"知物之明,知人之明,自知之明,交往自觉,全球文明。"我认为这是人类文明发展的方向。

《全球化与中东城市发展研究》一书中谈到柴德尔把城市的起源和发展的社会进化过程称为"城市革命"。这使我想起 20 世纪 70 年代末在研究阿富汗史的一段往事。那时,我在读柴德尔的《远古文化史》,中译者为周进楷,是 1972 年人民出版社的文本。柴德尔是 1946—1956 年英国伦敦大学考古学院院长、教授。他在《欧洲文明的曙光》一书中,已经论述了城市与文明的关系。他对中东的古文明研究也有贡献。他把城市的出现称为"城市革命",进而提出"城市文明",城市与文明成为他关注的课题。

事实上,研究城市问题离不开人类文明。恩格斯在《家庭私有制和国家的起源》的"野蛮时代和文明时代"一章中,对城市的意义的经典式界定是:"在新设防城市的周围屹立着高峻的墙壁并非无故:它们的壕沟深陷为氏族制的墓穴,而它们的城楼已经耸入文明时代了。"② 这一界定有两层含义:第一,文明是在埋葬氏族制的基础上形成的,而城市是文明起源和形成的要素、必要条件和主要标志之一;第二,它肯定了城市的社会进步意义,城市在人类野蛮时代高级阶段时,破坏了氏族社会组织,又完全消灭了氏族制度的一般经济条件,从而开始了人类文明交往的新时代。城市不但有防御的深沟高城楼,而且具有文化和商市。城和市的结合,才是城市的完整意义。

当时我写了《阿富汗的古代城市文明》一文,结合对恩格斯上述论述的体

---

① 人化是针对人的物化和异化而言,这种物化不仅是人的物质商品化,也包括人的动物化。马克思、恩格斯在《德意志意识形态》中,把集中于城市的政治和工商交往导致的一部分人变为"受局限的城市动物",而乡村的孤立分散又把另一部分人变为"受局限的乡村动物",就是指人的异化而言。生产与交往把人和动物区别开来,但文明交往的自发性又使人发生变形。人化就是人的文明化、人文化。见《〈中东史〉的书前书后》,《西北大学学报》2009 年第 4 期。

② 《马克思恩格斯选集》第 4 卷,人民出版社 1972 年版,第 160 页。

会,认为城市形成后,史前的村落生产和生活方式已转为新的生产和生活方式,"古文化—古城市—古国家,它们以递进方式,宣告了文明时代的不同阶段。"①我也对阿富汗这个文明交往十分独特的枢纽地区中的"千城之国"的大夏王国、贵霜时期的城市状况作了探讨。在文章结尾,我把城市作为世界史转变过程中的大转变标志性事件来思考。文章提到"21世纪进入以信息技术为主导的信息时代,信息不仅是新的生产力,而且是新兴的交往方式"。我注意到《全球化与中东城市发展研究》一书中有信息化方面的专题,这是很重要的。在以计算机和网络通信技术为代表的现代信息技术加速内外文明交往进程的情况下,互联网已成为中东"城市偏好"。信息资源将促进中东经济发展。有趣的是,英国社交网站Badoo.com分析全球180个国家和地区1.22亿人网站聊天数据的统计显示,中东的开罗和贝鲁特占第一和第三位。第二位是乌拉圭的蒙得维利亚。第四至第九被西班牙六个城市包揽。伦敦为十七位,巴黎为十八位,纽约排三十二位。据统计,开罗网友在半夜12点45分,聊天依然很活跃。这一时间,比伦教晚75分钟,比纽约晚近3个小时。这个现象值得注意。城市是什么?是高楼、地铁、街道、商店、酒吧、博物馆、学校、图书馆、剧院、餐馆、教堂、寺庙等凝固而呆板的文化意义吗?网络把这些淡化了。有线电视网络和互联网络的结合与拓宽,延伸着城市的空间功能。城市中出现了网络社区:网上购物、网上交友、网络视频、网络游戏、手机博客和网络信息发布平台。这里产生的新的思考是:信息的自由与开放,将城市推向一个虚拟空间。网络文化正在改变城市交往的社会特征;接踵而来的道德、伦理、信仰、法律、人权等等文明自觉的新问题,提上了日程。

在城市发展中,人类文明交往过程中的自发性常常会引发各种本来可以避免发生的社会问题,也会引起人们各种城市恐惧病。美国人文地理学家段义孚在其《无边的恐惧》②一书中,对这些问题,从人与自然、人与人和人的自我身心方面进行了描述。城市为了追求文明交往中的物理完美与和谐秩序,往往又使市民处于不稳定不安全的环境。段义孚为我们描述了欧洲中世纪城市的恐惧景观。当时最大的恐惧是末日审判,还有瘟疫、大灾、楼房倒塌、

---

① 此文收入《文明交往论》一书,陕西人民出版社2002年版,第184—198页。
② 详见段义孚著、徐文宁译《无边的恐惧》一书,北京大学出版社2011年版。

交通事故、暴力犯罪,特别是城市噪音。一般人认为,噪音是现代城市病,但中世纪欧洲那响彻终日的教学钟声、熙熙攘攘的叫喊声以及车水马龙的嘈杂声,就使人烦躁不安。罗马诗人朱文纳尔在《讽刺诗》中,说恐惧是罗马城夜间使人们彻夜不眠的车马声。科学家爱迪生在1711年也恐惧伦敦的"牛奶常用高八度音叫卖,声音尖锐得常常令人牙齿打战"。不过,比之当今城市的各种汽车的鸣叫声、尾气污染、建筑工地机器的轰鸣声,以及没完没了的房屋装修声,古代城市的噪音已不算什么了。

段义孚认为,城市恐惧症是混沌的、自然的和人为力量近乎无限的展示;人是安全感最大来源,也是恐惧感的最大来源。他不相信世界末日,但却发现一些人依然相信未来的末日审判的预言,因而仍生活在恐惧之中。段义孚的书使我对历史上的城市恐惧病有了更多思考。我认为,这是一个关乎人们对文明交往规律由自发到自觉的认识和实践的过程。有了这种自觉,才会有自主活动,才会有自由。唯物史对所说的自由人的联合和人的自由全面发展就是认识必然规律而后达到的自由行动。人的这种自主活动既与生产力和交往力相伴随,也同"一切自发性消除相适应",又"同过去的被迫交往转化为所有个人作为真正个人参加的交往"[①]相适应。城市发展中出现的种种弊端,都要在人的自觉、自主、自由提升过程中逐步克服。我相信,恐惧总是与希望相伴随,人类在文明交往实践中定能医治好恐惧顽症。人的自觉、自主、自由作为一个理想目标和现实文明创造,可能永远不能完满实现,但总在不断靠近,正因为如此,才可以常葆其追求的独特的实践魅力。这就是唯物史观的追求理想目标与现实的积极创造的辩证统一。

还要提到的是我在《中东国家通史·约旦卷》后记中,收录了明代马理所总纂和主笔的《陕西通志》卷10的《西域土地人物略》和《西域土地人物图》这两件互有联系的历史文献。这是明嘉靖二十一年(1542)间编修的,是比顾炎武《天下郡国利病书》中收集的更早、更原始的版本。它记录了中东地区由天方国到鲁迷城的14个城市。特别是《西域土地人物图》绘出了城市的图形,如天方国没有双重城墙,而菲即城、撒黑四塞、鲁迷城的双重城墙,也被绘成椭圆形、半圆形、长方形少一角、或大城连小城,甚至南北两端城墙还加绘

---

① 《马克思恩格斯选集》第1卷,人民出版社1972年版,第75页。

半圆形瓮城。在文谷城的地图上,绘有一座高塔。这两件历史资料记载着许多不解之谜。如 14 个城市只有天方国可证为麦加,最后一个鲁迷城有人认为是土耳其的科西尼亚,也有人认为是伊斯坦布尔,其他城市都未能确认。尤其是所述各城市位置尚解释不清,由麦加西行不远就是红海,就应向西北行,但记述者仍为西行。总之,这是一份有待考证的历史资料,值得重视和研究。

关于文明交往与城市的关系,我在编写世界史、中东史过程中,一直在思考,在探索着,也一直在编史之外,写一些学术随笔。其中有一篇写于 2004 年名为《交往铸造城市》,收入《松榆斋百记——人类文明交往散论》一书之中。由于它同本序开头提到唯物史观有关联,又同全球化背景下中东城市发展研究有内在联系,现在我把它作为本序的结尾,供研究者参考:

城市是文明交往更具体、更微观、更生动的个案分析和比较研究单元。

民族的主体固然重要,但民族不是历史的唯一主体。现代民族国家也不是唯一分析文明交往的基本单元。

现代化、全球化这样宏观的问题,需要有更多样、更细致的具体微观研究方法进行研究,作为深化的基础。

城市无疑为现代化、全球化研究提供了一类核心单位。它不仅仅对当代史,而且对远古文明、中古文明和近代文明的研究都是不可或缺的核心单位。只不过是城市化浪潮迅猛推进,在当代令研究者强烈地感到城市问题更迫切罢了。于是城市学的分支学科丛生,如城市社会学,城市生态学、城市经济学、城市地理学等遂应运而来。

城市是文明的标志之一。城市的中心是文化,而文化是围绕在人与城市这个文明交往链上运行的。文化,即人文化于物,人文化于事,人和物交往的中轴化于时间和空间之内。各种不同的文化、城市与乡村、宗教之间,内外之间,传统与现代之间,在城市中形成了持续的冲突,也不乏合作与融合,这一切都共存于一个共同的交往过程。

在这个过程中,城市文明与文化类型的表现状况是怎样呢? 人类学家雷德菲尔德 1956 年出版的《农民社会与文化》中,已经提出了以城市为中心的上层"大传统"与散居于城市之外的乡间"小传统"的理论。"大传统"为"高文化""学者文化","小传统"为"低文化""通俗文化"。他在分析城市文化类型时,没有把城市与农村分裂开来,而视为文明交往中的统一体,这是他高明之处。后来,欧洲一些学者把这两个传统的理论,修正为"精英文化"与"大众文化",并指出"小传统"在交往过程中,总是处于被动地位。实际上,传统不是随意作为客观对象而任意处置的东西,传统无处不在,是城市文明之根。

实际情形也是如此,城市和农村内部也有若干不同文明类型,各类城市和农村之间的关系,也各不相同。从文明交往角度看,文化传统尚有更大、更普遍的"物质文化"与"精神文化"层面。表面上,城市是一个由地理环境、社会结构、交通安排、居民分布、社区构成等形成的物质构造空间。这个复杂的空间始终贯穿着人的活动。《空间的生产》的作者列斐伏尔提出了"空间实践"概念,道出了"城市与人"关系的关键之处。仔细观察城市的历史与现状、内部与外部,其中存在的各类人群、各类价值取向、各种生存方式,都无不镶嵌在一定的空间之中。"社会空间",是"城市与人"关系的具体化。城市,特别是一些有代表性的城市的活跃的互动交往关系,往往从一个独特的,也是不为人们注意的视角与方式,具体地反映了一个国家寻求现代化独立道路的轨迹。也还反映了一个国家在全球化大环境下寻求自己位置的智力积累。现代化、全球化伴随着城市化进程中,也可以发现文明交往的新思想和新生活的新资源。21 世纪的现代化和全球交往文明化,在推动着新型城市的成长,从城市成长中人类文明交往的曙光将日益显露出来,而且总会在文明自觉中克服城市化存在的各种困难,消除丑陋,剔除弊端,创造美好景观。①

彭树智
2011 年 8 月 15 日至 9 月 7 日写于西安悠得斋,12 日再改

---

① 这是《松榆斋百记》中"跋:文明交往论补记"第 3 部分内容,西北大学出版社 2005 年版,第 335 - 336 页。

三

访　谈

从"文明交往论"看中东冲突问题①

——西北大学中东研究所所长彭树智教授访谈录

巨永明(本刊特约记者)

中东地区长期以来围绕阿以矛盾冲突不已,一直是国际社会关注的焦点。近日,该地区又因联合国对伊拉克武器核查问题,以及美英决计实施武力"倒萨"计划而吸引了全球的目光。中东的现状是否佐证了美国政治学家塞缪尔·亨廷顿所讲的"文明的冲突"?记者就中东的历史与现实,对长期从事中东问题和文明问题研究的彭树智教授进行了访谈。

文明交往是人类社会进步的动力

记者:多少年来,中东地区冲突不已,及至今日仍战火不绝。您长期从事中东历史研究,最近,您又刚刚出版了一本关于文明问题的新著《文明交往论》,您能否从文明交往的角度,谈谈对中东地区的历史与现实问题的看法?

彭树智:人们一提到中东,就把它与战乱联系在一起,好像那里无文明可言,这是完全可以理解的。中东地区之所以战乱频生,原因是多方面的。首先,经济上长期处于相对落后的状态,且发展不平衡。按照马克思主义理论,一切矛盾归根结底都是由经济问题引起的。其次,宗教方面,虽说中东绝大多数人信仰伊斯兰教,但派系林立,彼此矛盾尖锐。第三,新老殖民主义者为了自己的私利,人为制造的民族矛盾等等。更为重要的,也许还有中东所处的地理位置。东方有中国的华夏文明和印度文明等,西方有古希腊文明、古罗马文明以及后来的西欧资本主义文明等,因此,自古以来,中东地区就是东

---

① 本文原载《探索与争鸣》2003 年第 3 期。

西方民族和文明的交汇点,而交汇的过程是非常复杂的,既可以是和平的,也可以是战争的。从中东历史看,战争形式是经常在起作用的。如果从文明交往理论来看,无论战争也好,和平也罢,都是文明交往的类型。所以,我在商务印书馆最近出版的 13 卷本《中东国家通史》中就以文明交往理论为线索,以文明交往的历史主线来贯通中东各国的内部和外部诸多联系,来沟通中东各国社会各方面的关系,来会通各种交往方式,力图勾勒出中东各国的基本历史面貌和国情特征。就文明交往史实而言,中东地区不但是人类文明发祥地之一,而且长期以来是世界文明的中心地区之一。东西方文化在这里交汇聚合,形成了文明交往的诸多独特性。近现代以来,东西方文明交往在中东地区进入了一个新阶段:战争成为交往的重要形式。战争苦难缠绕着中东各国人民,阿拉伯国家和以色列之间就进行过 4 次大的战争,而流血冲突从未停止;伊朗和伊拉克之间战争长达 8 年;第一次海湾战争相去不远,第二次海湾战争已箭在弦上。但是,从文明交往的历史规律看,文明交往终究要走向交往的文明化,尽管道路漫长曲折。

记者:我最近刚读完您的新著《文明交往论》,它确实是一部有别于已知的关于文明问题的创新理论著作,读后令人耳目一新,对人类文明交往历程似有恍然大悟之感。从书中的自序里,我注意到早在 1986 年您就开始研究文明交往,当时是哪些因素触动您去思考这一课题的?

彭树智:完全是历史的偶然性。我是在读马克思、恩格斯《德意志意识形态》时,发现他们在书中多处使用"交往"一词,其中有一段是这样讲的:"某一地方创造出来的生产力,特别是发明,在往后的发展中是否会失传,取决于交往扩展的情况。只有交往具有世界性质,并以大工业为基础的时候,只有一切民族都卷入竞争的时候,保存住自己创造出的生产力才有了保障。"这里,马克思、恩格斯把生产力、交往、世界性联系在一起,而"交往"成为核心纽带。可见,"交往"在他们心目中的重要性。由此,我开始关注"交往"问题。我从历史哲学意义上思考的结果是,人类的交往与人类的历史同步发展,这是人的社会属性所决定的。人类在第一个历史活动——生产劳动中,就表现了交往的双重关系:自然和社会关系。在此种关系基础上建立起来的社会,是人同自然界所完成的本质的统一,是人们创造物质文明和精神文明的依托,是文明交往的开始。但是,当我把交往问题从哲学思考转入历史学领域时,首先碰到了战争问题,即怎样用"交往"解释战争。马克思、恩格斯关于"战争本身还是一种经常的交往形式"的提法,促使我考虑"战争"与"交往"的关系,于是再一次系统研读了克劳塞维茨《战争论》这部经典名著。克氏关于战争是"政治交往"的论述,佐证了马、恩的观点,也进一步廓清了我对交往问题的思路。这样,我从哲学和历史学两个层面上,对交往问题有了初步宏观的认识:交往是人类的基本的社会实践活动,决不能离开交往去考察人类文明的演进,人类的文明交往是社会前进的动力。

记者:您的意思是说,人类的不同文明只有交往才能进步?

彭树智:完全正确。研究历史知道,世界各地由于自然原因,形成了许多种文明,比如中华儒教文明、阿拉伯—伊斯兰教文明、印度教文明、西方基督教文明、犹太教文明等,而在各种文明的演进中,都经历了与其他文明交往的过程,孤立发展到今天的文明几乎是不存在的。文明交往促进了社会进步,社会进步反过来又推动着文明交往。今天,由于作为人类文明交往成果的科学技术成就的取得,极大地推动了社会进步。但是,文明交往不是一帆风顺的、单一的和平方式,战争恰恰是一种经常的交往形式,所以,必须正确地看待战争在人类文明交往史上的作用,既要看到它对人类灾害的一面,更要看到它积极的一面。中东地区的文明交往史,对于我们认识战争作为文明交往的主要形式之一,具有典型意义。

文明冲突是文明交往的一种属性

记者:近年来,国内外因亨廷顿"文明冲突论"引起的对"文明冲突"或"文明融合"的争论持续不止,但从您的观点看,不同文明之间的关系并非那么简单。

彭树智:是这样,因为文明交往的历史本来就是复杂多样的。亨廷顿在1993年发表《文明冲突》后,1996年又出版了《文明冲突与世界秩序的重建》,引起了国际社会的激烈争论。亨氏的"文明冲突论"是冷战时期两极对立模式的继续。它的前提是:西方基督教文明、儒家和伊斯兰文明的支持者们从本性上说是相互对立的,除了冲突之外别无其他交往。这不符合文明交往的历史,也不会是未来文明交往的发展轨迹。从历史上看,文明交往是一个非常复杂的、由五种属性组成的整体,即实践性、开放性、多样性、互动性、迁徙性。"文明冲突论"和"文明融合论"不过是文明交往五种属性之一的互动性的两个方面,强调任何一个方面,都忽视了人类文明交往的整体进程,同时也忽视了人类文明交往的双向或多向互动性规律。互动性是文明交往这一动态系统的普遍属性,是双向或多向文明交往的表现。它表明文明交往是一个互相发现、互相沟通、互相扬弃、互相理解、互相融合的相互作用的复杂的历史过程,这个过程同时充满着摩擦、碰撞、矛盾和冲突,也不乏对抗、分裂、压迫、侵略和反抗。但是,文明交往在趋向上逐步文明化而少野蛮性,并由自发性走向自觉性、自在走向自为、情绪化走向理性化、对立对抗走向合作对话。所以,人们对文明交往的未来,理应持冷静与乐观的态度,因为它的总趋势是现实主义与理想主义的互换和提高,它的总特点是多样性的统一、文明程度的上升和社会的进步。我们决不能因为在文明交往中存在冲突,就把文明交往作简单化的理解,那是严重违背文明交往史实及其规律的;同样,对文明交往问题持任何其他片面观念,也都是不可取的。

记者: 结合当前现实,美英等国出兵中东的海湾地区,试图发起第二次海湾战争,您认为战争会爆发吗?这场战争是文明冲突还是文明交往?

彭树智: 战争肯定会爆发,只是时间问题。美国的国家利益决定了战争的不可避免性。首先,"9·11"事件后,中东地区的恐怖主义已经与美国的国家安全利益联系在一起,美国这次对伊拉克动武的口实之一就是打击恐怖主义。其次,中东的地理位置对美国的全球战略至关重要,一旦控制中东,一个完整的全球战略网就建立起来,对于巩固美国的霸权地位举足轻重。第三,控制石油资源,直接把握英、法、德、日等国的经济命脉,而且间接制约中国的发展。第四,美国实用主义和现实主义的外交思想传统,是这场战争的理论依据。但是,我认为,打击伊拉克的战争将是美利坚帝国由盛到衰的转折点。因为这次战争与上次海湾战争有所不同,失道而寡助,庞大的军费开支不得不主要靠美国自己承担,这会削弱美国的国力。总结历史的经验,凡是靠扩张而取得霸权的帝国,都会因扩张而衰落,比如古罗马帝国、大英帝国等等,概莫例外。战争还将对世界格局产生深远影响,每个国家都在开始寻找扮演自己的角色,从而改变未来文明交往的态势,这也可以说是文明交往的规律。

文明冲突是文明交往的属性,毫无疑问,战争是文明间的冲突,也是文明交往中的政治交往的继续,是政治交往的最高形式。这次伊拉克危机,实际上是 1990 年海湾危机的继续,特别是"9·11"之后政治交往的继续,是一个连续而完整的整体。当和平的政治交往不能满足一方的要求时,暴力总是成为强者的必要的手段,文明冲突由此表现出来。

记者:文明冲突作为文明交往的一种形式,是否将是永恒存在的?

彭树智:不会。文明冲突的根源是基于文明的差异及其交往的有限性。随着社会的进步和人类文明程度总的提高,交往的方式会发生根本性的改变,具有浓厚野蛮性的战争的交往方式将被文明的交往方式所取代,即实现文明交往的交往文明化。事实上,就美国与伊拉克的文明冲突看,除了文明本身的差异性外,重要的还在于双方文明交往的程度很低,因而极易让单一的文明冲突——战争的手段成为文明交往的主要形式。中国一贯主张以"和为贵"的理念解决国际关系中的矛盾冲突,正反映了人类追求文明交往的交往文明化的时代要求,也是"文明交往论"的主旨所在。

从人类文明交往的高度把握世界历史

——访彭树智教授①

一、走上世界史研究之路

问: 彭老师,您在世界史领域取得了卓著的成就。我想先了解一下您的家庭背景,以及您是如何走上历史研究的道路的。

彭树智: 1931 年 10 月,我出生在陕西泾阳。泾阳位于关中平原的泾惠渠灌区,这里干渠与支渠纵横交错,盛产棉粮,号称关中的"白菜心"。我们家很苦。祖父职业是石匠,是从河南淅川逃荒到陕西来的,由商县到咸阳,最后定居泾阳;外祖父则是从湖北逃荒而来,定居咸阳。也许这种地域环境和移民传统使我具有了平实谦和的性格和勤奋努力的气质。

在我的青少年时代,中华大地内忧外患不断。我不止一次地问老师:"为什么有着那么悠久文明的中国,到今天却一直打败仗,受人欺侮?"老师的回答并不能消除我心中的困惑。这个问题促使我不断思考,这就是我以后学习和研究历史的深层动因。

不过,我在高中时,国文学得较好,而且喜欢小说诗词,所以报考西北大学时,第一志愿报的是中文系。但是,我的历史成绩优秀,于是,历史系优先录取了我。

20 世纪 50 年代初的西北大学,名师云集,著名的历史学家侯外庐担任校

---

① 本文载《史学史研究》2008 年第 1 期,第 84—91 页。

　　访问者:黄民兴,西北大学中东研究所副所长、教授。

长,学校是与北京大学等高校齐名的教育部直属的全国十大综合院校之一。当时学校只有一座二层的办公楼,教室都是简陋平房,但学风朴实优良,为我进入历史的学术殿堂创造了条件。

问:您在民族主义问题研究上很有影响,那么您是如何进入这个领域的?

彭树智:我是从印度近现代史开始进入亚非拉民族解放运动史领域的。大学时,侯外庐校长在一次报告中说,从事科学研究必须有一个生长点,而大学时代就应当找到生长点。这对我影响很大,我把印度史确定为自己的生长点。我的大学毕业论文是《印度现代民族解放运动》,长达15万字,被老师评为优秀。我在研究生学习期间,我的亚洲史专业老师苏联援华专家瓦·巴·柯切托夫是一个治学严谨的人。他在看了我的第一篇专业论文《1857年印度反英大起义前夜的社会经济与阶级关系》俄文稿后,很是欣赏,鼓励我进一步修改。他用俄罗斯谚语说:"奶酪好吃,但烤一下更好吃。"

20世纪50年代是亚非拉民族解放运动走向高涨的时期,当时印度和中国史学界正在准备纪念印度大起义一百周年,因此,我选择印度近现代史作为科研生长的重点,深入到1857年印度起义的历史事件上来。在论文写作过程中,我得到了我的老师周一良、季羡林、陈翰笙诸先生的精心指导,受益良多。此后,我相继探讨了1857年印度起义、1905—1908年的印度独立运动、印度民族主义革命家提拉克、印度大资产阶级的形成,一直到甘地的独特思想体系,在这个有开拓性的生长点上,我完成了一系列的论文和著作,其中一些论文先后在《人民日报》《北京大学学报》和《历史研究》等报刊上发表。

1957年,我研究生毕业,回到西大任教,开始了40多年的执教生涯。那是一个政治运动持续不断的年代。虽然繁忙的政治运动、教学任务和家庭负担给自己带来了重重困难,但我并没有放弃科学研究,而是把教学同研究结合起来,在教学中寻找结合点。面对种种压力和批判,我坚信:"真理是需要在争辩中明朗和完善,在实践中检验和证实的,而不是靠权力压服的。"亚非拉民族主义思潮是民族解放运动的思想和理论表现,要深入下去,必须从民族觉醒追溯到民族自觉思想。这样,我形成了又一个学术研究生长点——民族解放运动史。20世纪80年代以来我先后完成了两部有关民族主义问题的专著,即《现代民族主义运动史》(1987)和《东方民族主义思潮》(1992),以及合著《第三世界的历史进程》(1999)。《东方民族主义思潮》是我比较满意的一本著作,它在 1995 年荣获教育部的人文社会科学优秀成果二等奖,我认为这是对我研究工作的肯定。

问:您在北大的老师,都是中国极负盛名的史学大家,他们对您的治学有什么影响呢?

彭树智:影响很大。周一良老师为我打下了亚洲史、中国与亚洲各国关系史的深厚基础,季羡林老师和陈翰笙老师耳提面命,使我对印度近现代史的学习深入了一大步。这种教诲尤其体现在治学态度和方法上。例如周一良先生在看到我的毕业论文时,只是随意地扫了一眼题目,然后直翻最后一页。他说:"这是要你学得扎实!我先要看你写论文究竟查了多少资料,谁的资料。资料要是不够的话,论文你写得再好我也不看!"老师的关爱和希望化为我不断地努力和动力。我认为,师生情谊是人生最美好的情谊。

问:在"文革"期间,您遭遇了很大挫折,那您还能继续从事于学术研究吗?

彭树智:十年"文革"对我真是一段不寻常的经历。此前,虽然政治运动不断冲击业务,但学校还未完全停课"闹革命"。而在"文革"中,学校不成其为学校,哪有可能从事研究?就个人而言,我在"文革"前已经受到了"关注"。当时,我提出应当区分帝国主义国家的资产阶级和殖民地半殖民地的民族资产阶级,而且后者在一定条件下可以领导并取得民族解放运动的部分胜利。1960 年,我因此受到批判,被剥夺了反驳和讲课的权利。"文革"开始后,我这样考虑:业务虽然不能研究,但马列原著还是被鼓励学习的,何不从这些智慧书之中寻找一个新的科研生长点呢?于是自己着手拟定了一个开拓性的课题——研究 10 个国际共运史上有争议的人物。从此,即使是在开批判会或大游行时,在阵阵打倒声中我也不忘在怀里揣上一卷《马克思恩格斯全集》或《列宁全集》。这革命味十足的行动甚至引起了红卫兵们的注意,他们夸道:"看,彭老师学马列多认真啊!"

就这样,在"文革"中,我系统地读完了 60 多本马列全集,写了大量的读书笔记。而"文革"后期和结束不久,我就连续出版了《叛徒考茨基》(1978)、《修正主义的鼻祖——伯恩斯坦》(1982)和《无政府主义之父巴枯宁》(1985)3 本专著,共计 100 余万字。这几本书从恢复历史人物的本来面目出发,通过系统研究经典作家的直接论述,以及对时代性、创造性、复杂性和阶段性的探讨,锻炼了我寻找科学研究生长点的毅力。后来我曾经自嘲地说,十年"文革"中自己是闯进国际共运史领域的一名"游击战士"。

问:您在"文革"结束后不再研究共运史,而转入中东史研究,是什么促使你这样做的?

彭树智:这也是受时代的影响。实际上,早在1958年7月伊拉克革命爆发时,我就接触到了中东研究。当时血气方刚的我仅用了三天时间,就写成一篇一万两千余字的激情文章——《略论阿拉伯民族解放斗争的新阶段》,在《人文杂志》上发表。但是,我真正转向中东(史研究),却是在21年以后。

1979年,苏联军队入侵阿富汗的隆隆坦克声震惊了世界和中国。作为阿富汗的邻邦中国的学者应当对此做出反应,而我过去在印度近现代史方面的积累为此奠定了良好的基础。不久,我就在《百科知识》1980年第3期上发表了《1841年阿富汗人民反对英国侵略者的斗争》一文,由此,步入了中东史研究领域。

当时意识到,这是一个学术生长点转折的契机。中东史是一个我国有待开拓的领域,于是,我当机立断:一定要啃下这块硬骨头!我从两个方面着手,一是展开对阿富汗近现代史的研究,二是结合当时世界现代史教学的需要,对土耳其民族解放运动的领导人凯末尔深入挖掘,其结果是1980年提交给世界现代史研究会年会的论文《凯末尔和凯末尔主义》,后来发表于《历史研究》1981年第5期。西北大学有一个有利条件,就是1964年成立的中东研究所,是我国最早成立的国际问题研究所之一,集中了一批掌握多种外语的人才,积累了大量的外文资料。同时,从1982年开始,我就注意培养中东史的硕士研究生,为未来中国的中东研究补充新生力量。经过精心准备,1986年,经国家学位委员会批准,在西北大学建立了"世界地区史、国别史(南亚中东史)"博士点。作为创点博士生导师,我认识到这是我国第一个中东研究的博士点,对于中国的中东研究和人才培养具有重要意义。

1987年,我以历史系主任的身份兼任中东研究所所长。我选择有开拓性的课题,组织集体攻关,加强国内外学术联系,取得了明显的成果。20年来,中东研究所的科研硕果累累,先后出版了由我主编的一系列中东史著作:《阿富汗史》(1993);《阿拉伯国家简史》(1991),2002年改名为《阿拉伯国家史》,作为教育部确定的全国研究生教学用书第三次修订再版,并于2000年获得了国家级优秀教学成果二等奖;在 1990 年海湾危机和海湾战争后,又完成了面对广大青年的《中东国家和中东问题》(1991);1992 年出版了《二十世纪中东史》,2001 年同样列为教育部确定的全国研究生教学用书修订再版。2000—2007 年,商务印书馆陆续出版了我主编的 13 卷《中东国家通史》。上述著作为中国的中东史学科建设打下了基础。

二、通过交往探究世界历史

问:您关于民族民主运动史的主要理论和研究方法是什么?

彭树智:我认为,史学家研究历史,要在错综复杂、动乱激烈的社会中考察变革演进脉络,在变革演进的社会中探求发展的规律,在统一体中分析多样性,在"变"与"常"的辩证关系中观察连续性、断裂性和阶段性,把世界史看成"和而不同"的整体。人类文明交往观为此目标,提供了一个可能达到的思考空间。

20 世纪 80 年代中期,我进一步通过类型分析探讨了两次世界大战之间亚非拉的民族民主运动,在《世界历史》上发表了论文《两次世界大战之间亚非拉民族民主运动的类型分析》。我在论文中提出,自从 20 世纪初亚洲觉醒(这是文明交往自觉的体现)以来,实现民族、民主的双重任务是亚非拉国家的共同的时代使命。因此,应当用"亚非拉民族民主运动"来代替在我国沿用苏联模式而叫了 30 余年的"民族解放运动"。1987 年,我提出的"亚非拉民族民主运动"提法为教育部所采纳,取代了原有学科目录中的"民族解放运动史"的提法。

两次大战之间民族民主运动的领导力量,呈现为五种类型:以中国为代表的无产阶级领导的新民主主义革命,以土耳其为代表的民族资产阶级领导的凯末尔革命,以尼加拉瓜为代表的小资产阶级桑地诺领导的抗美独立战争,以阿富汗为代表的爱国封建主领导的独立战争,以摩洛哥为代表的里夫部落酋长领导的独立战争(我在 1999 年出版的《第三世界的历史进程》一书中增加了一个类型,即宗教人士领导的民族民主运动,如刚果西蒙·基班古领导的"黑人基督"王国运动)。

亚非拉国家地域辽阔、民族众多,社会、政治、经济和文化都发展不平衡。

同时,在进行历史的、具体的考察中,不同地区的特点又反映了许多同一性。这一时期亚非拉地区的现代化改革,可以从人类文明地域性特征的角度划分为三大类型,即土耳其、阿富汗、伊朗和沙特阿拉伯的中东类型,其中北层三国的共同特征表现在现代化是以世俗化为中心的改革运动;埃及、摩洛哥里夫和埃塞俄比亚的北非类型,三国均在缺乏和平的国内外环境的情况下进行了巩固国家主权、推进社会政治发展的改革;墨西哥的拉丁美洲类型,具有深入性和民主性的特点。

亚非拉民族主义思潮是一种反对殖民主义、反对帝国主义、争取建立独立的民族国家和发展民族经济的进步的思潮。两次世界大战之间亚非拉的民族主义思潮可以区分为三大类型,即孙中山的革命民主型、甘地的宗教道德型和凯末尔的世俗改革型。《第三世界的历史进程》一书将其他重要的民族主义思潮如苏加诺的平衡综合型民族主义、胡斯里的阿拉伯民族型民族主义、杜波依斯的泛非型民族主义和拉丁美洲的大陆民族型民族主义列入,共包括了七个类型。总之,两次大战之间亚洲、非洲和拉丁美洲这些复杂性和整体性的发展,集中表现了承上启下的转折阶段的特征。

我在《东方民族主义思潮》一书中,进一步以地域为框架,以代表人物为线索,从政治文化的角度对东方民族主义思潮进行了探讨。该书的主要特点是:从民族主义与东方政治文化的交汇点上考察思潮,指出民族主义思潮也是盛行的政治信仰、情感、思维方式和价值观,是20世纪东方政治文化的重要组成部分;在世界历史范围中考察东方民族主义思潮的意义,指出它及其构建的东方民族国家体系,构成了20世纪世界三大思潮和国家体系之一;从传统和现代化的关系上探讨东方各种民族主义在理论与实践上的得失;从分析思潮矛盾入手,发掘深层的理论内涵;在方法论上除继续运用整体研究之外,大量使用了比较方法。"政治文化"已经是文明交往的概念,因此这本书可以说是我转向中东研究的重要标志,也包含着文明交往观的思路。

问:您在中东史方面的研究成果很多,它们有什么特点?

彭树智:最主要的成果就是前面提到的两本全国研究生教学用书和13卷《中东国家通史》。其中,《阿拉伯国家史》是一本地区国家通史,它在史学观上是以文明交往论为核心理论,通过研究阿拉伯民族从古到今的历史行程,反映阿拉伯世界的形成,并从中探讨其发展轨迹、特点和规律性。具体来说,书中贯穿了三种观点:第一,全局与局部结合,即从阿拉伯世界的全局考察该地区各国的社会历史进程,同时又以各国的特殊运动风貌丰富阿拉伯世界的历史内容。第二,纵向发展与横向发展相结合,即以阿拉伯世界各国由原始社会、奴隶社会、封建社会、殖民地半殖民地社会和资本主义社会的发展为经线,以阿拉伯世界各地区(北非、马格里布、阿拉伯半岛、新月地带)及各国之间政治、经济、文化的联系和交往为纬线,纵横结合,经纬交织。第三,整体性和特殊性相结合,既力图反映今日整体的阿拉伯世界的全貌,又反映在形成、发展进程中各阶段的特殊性。

《二十世纪中东史》是一部地区断代史。本书也用人类文明交往观对一个世纪风云激荡的中东历史进行了反思。本书在学术观点上有以下几点创新:第一,采用了与以往不同的"世纪地区史"的框架,从整体上看待中东地区,运用整体观和联系观解剖中东地区 20 世纪社会变化的横断面。第二,将 20 世纪的中东史划分为战前、战后两大时期及中东的觉醒、两次世界大战之间、第二次世界大战时期、二战后初期、动荡时期和中东面临新挑战时期等 6 个小阶段;另外也运用了类型方法,分析了民族独立运动中的世俗化与政教合一、现代化改革的世俗化与非世俗化及战后政治中的共和制与君主制等不同类型。第三,注重探讨中东地区民族国家体系的形成,这是 20 世纪重要的历史性现象。第四,深入研究了中东的社会变革和社会生活。本书分析了深层面的社会生活,涉及人口、家庭、城市、妇女、建筑、饮食、服饰、衣食住行、婚丧嫁娶、节日风尚、文体娱乐,特别是价值观念等层面,让丰富多彩充满生命力的并能在更深层面上反映历史本质的日常生活回归历史,全方位、多层次地提供了一个 20 世纪中东社会演变的全景图。

长期以来,在中国图书馆书架上,没有我们的学者撰写的中东国家通史。从 1987 年开始,我着手组织人力,在系列重大课题研究的基础上准备《阿富汗史》的写作。该书于 1993 年出版。此后,我以中东研究所的人员为基础,逐渐筹划《中东国家通史》的写作。这是一部包括 13 卷本的中东地区国别史,每卷由一个国家或国家群所组成,包括《阿富汗卷》《沙特阿拉伯卷》《以色列卷》《伊拉克卷》《也门卷》《伊朗卷》《叙利亚和黎巴嫩卷》《土耳其卷》《埃及卷》《约旦卷》《巴勒斯坦卷》《塞浦路斯卷》和《海湾五国卷》。这是一部 400 多万字的大型中东国家通史。

《中东国家通史》依照通史体例,来把握中东地区的整体面貌,各卷自成一体,但又互为联系。各卷采用历史叙述方式,由古及今地阐明各国历史变迁的过程、特征和规律。同时,注重历史与现实之间的双向考察与反思,从现实出发,追溯历史,再从历史高度审视现实,从而达到"关照现实"与"反思历史"的一致性。另一方面,各卷关注世界及中东的宏观背景,并用中观视角,对各国的社会、政治、军事、经济、教育、学术、艺术、科技、地缘环境等方面进行了全方位、多层次的扫描,尤其是以专章探讨了相关国家与中国的关系。本书可以说是我应用文明交往观分析历史的深入探索,尤其是在"卷首叙意"和每卷的"后记"中,着重阐明了这一点。

问:90年代以来,您的研究方向转向文明交往,这一理论在学术界引起了一些反响。为什么会出现这样一个转变呢?您关于文明交往的主要理论和研究方法是什么?

彭树智:早在1986年讨论《世界史》教材编写时,吴于廑先生把生产力和社会交往称之为"世界历史纵向发展和横向发展",他最早提出马克思和恩格斯关于生产力和交往问题的论述对研究世界史的意义。我也是从那时起,较为系统地阅读了《德意志意识形态》《共产党宣言》和经典作家有关生产力和交往的其他论著。我在学习中思考应当如何把世界史写成反映全世界、全人类的历史。西方史学家虽有《全球通史》的著作和"普世史"的热烈讨论,结果也并没有能够写成真正反映全球的普世历史。

于是,我先考虑人类文明史,我思考周一良老师在《中外文化交流史》中关于"深义"文化的命题,接着考虑文明交往史。我想,从人类文明交往这个理论角度研究世界史,也许更能反映经典作家所说的世界史的"世界历史性"。因为"世界历史性"表达的是"全球化"的实质内容,其根本特征是"以生产力的普遍发展和与此相联系的世界交往为前提的"(《德意志意识形态》)。我之所以强调交往在文明史中的地位,是因为交往在人类文明生成和演进中起着决定性作用,例如,"在某一地方创造出来的生产力,特别是发明,在往后的发展中是否失传,完全取决于交往扩展情况",而"只有当交往成为世界交往并且以大工业为基础的时候,只有当一切民族都卷入竞争斗争的时候,保存已创造出来的生产力才有了保证"(《德意志意识形态》)。我把人类文明和交往联系在一起思考世界历史发展。此后,我在世界史、中东史、东西方文明关系史的探讨中,形成并检验了我的文明交往论,也结合当代世界各种文明交往关系,思考文明对话在交往互动规律中的作用问题。

我也研究了一些文明、文化理论和文明史著作,感到许多作者对"文明交往"问题有不同程度的忽视。即使谈论"交往行为理论"的哈贝马斯,也只强调语言而忽视社会生产和交往在塑造社会结构、社会制度、社会关系、社会意识和社会生活等五个形态上的决定性作用,他只注意某个社会内部主体间的对话,而"没有重视在全球化背景下的文明间的对话问题"(《文明交往论》)。后来,从苏联思想家巴赫金(Bakhtin)的"大对话"哲学中,我看到了文明对话所包含的互动、互补、互证的双向和多向交往特征:主体之间的相互尊重;他人与自己完全平等;"自我"与"他者"互相依存;放弃对话霸权和唯我独尊。实际上,巴赫金用"自我"和"他者""自我认同"和"互相认同"来确定文明对话的关系。他的对话理论完全适用于人类文明交往,因而"是一种理想的人类交往模式"(《松榆斋百记》)。

对我印象最深的是以色列"对话主义"哲学家马丁·布伯(Martin Buber)的社会本体交往论。这种理论中的主体间性、直接性和交互性,昭示了互为前提、互相依存的人类互动交往的本质联系,为当代人类文明交往活动的伦理与政治秩序建设,提供了有益的理论思考。从漫长而激烈的阿拉伯和犹太两大民族冲突过程中,布伯交往理论的出现,反映了中东和平进程中人类文明交往水平的提高、智慧的增长和理性因素的增强,因此我在《中东国家通史·以色列卷》编后记中,用了较大的篇幅来评述它的意义。继布伯之后,伊朗前总统哈塔米又有"不同文明之间对话"的倡议并得到联合国的认同。这也说明了文明对话是消除对抗冲突、破除隔阂壁垒和走向国内和谐、国际和平的必由之路。在《中东国家通史·伊朗卷》编后记中,我用下面的话作为结语:"对话浪潮是大势所趋。二十一世纪文明交往的新时代曙光已经出现了"。

问:那么,究竟什么是文明交往呢?

彭树智:文明交往观可简要表述如下:人类文明交往互动作用是人类社会变动的终极原因,也是历史变化为世界史所设定的一条基本规律;文明交往包括人类不同文明之间和同一文明之内的两种基本交往实践活动;它环绕着人与自然、人与社会和人与自我三大主题,在不同地区、不同时间、以不同内容和形式相互影响;它还涉及物质文明交往、精神文明交往、制度文明交往和生态文明交往四个层面;由社会生产和交往决定的社会结构、社会制度、社会关系、社会意识和社会生活五种文明交往形态组成。此外,它探讨人类在不同历史时期交往的特征、作为交往思维手段的语言文字,以及民族和国家之间、人群、集团和地区之间、战争与和平之间的相互关系,并从多极主体交往论、互动合作论、文明自觉论、人际、国际和人与自然界和谐共处的视角进行文明交往的研究。

文明交往论是一种历史观。历史观是对人类社会和文化具有普遍性历史现象做出的规律性的总结。不同文明之间和相同文明之内的复杂交往,正是这种普遍性历史现象的规律性表现。众多的古往今来的历史与现实个案可以说明这一点。文明交往论正是伴随着世界历史的发展而旨在使整个人类亲近、使世界和平、使全球和谐与社会进步的文明史观。"文明的生命在交往,交往的价值在文明","文明的真谛在于文明所包含的人文精神实质"(《文明交往论》)。只有维护人类文明的多样性,本着平等、民主、宽容精神,通过各种文明之间的互动合作、和平共处、互利互信、互学互补、共同发展,才能使人类走入丰富多彩的历史深处。

2002 年,我出版了《文明交往论》,本书是我有关这一理论的一个初步总结,内容包括相关的理论探讨和具体的个案研究,分塞人篇、阿富汗篇、伊朗篇、中东地区篇、阿拉伯伊斯兰篇、世界史综合篇和世界当代篇七个分论。2004 年,我出版了《书路鸿踪录》,其中《世界意识录》《中东史论录》《笔记杂感录》都陆续从宏观和微观上,探讨人类文明交往问题。2005 年,我又出版了《松榆斋百记——人类文明交往散论》一书,这是一本有关文明交往理论的读书笔记。文明交往理论是中东研究所一些重大成果如《阿拉伯国家史》《二十世纪中东史》和《中东国家通史》的理论指导。我们的许多博士生也在博士论文中运用了这一理论。我现在正由文明交往论进入文明自觉论的思考。我体会到,人类精神的觉醒、人类历史意识的觉醒,都是人类文明自觉的具体表现,而文明自觉实质上是人类文明交往的自觉。我希望在自己的有生之年,继续对这一问题进行深入探讨,以有助于世界历史学科,特别是中东史学科的建设。

三、探索历史专业和育人方法的创新

问：除了科研以外，您还担任过西北大学历史系主任和文博学院院长，以及中东研究所所长，在此期间您主要进行了哪些改革？

彭树智：1984 年，我出任西北大学历史系主任。同年，我作为中国教育部文科考察团成员赴美国考察 16 所各种类型的大学，研究了有关美国大学文理渗透、智（慧）能（力）教育和"独立思考、创新创造"的教育哲学，这对我触动很大。回国后，我主持了历史系的专业改造，除原有的历史、考古专业外，增设了学科交叉、文理综合的文物保护、博物馆学和档案学 3 个新专业，其中文物保护专业是中国第一个相关专业。1986 年，我们通过联合办学，与陕西省文物局联合创办了中国第一所文博学院，我担任院长至 1992 年。

1987 年起，我兼任中东研究所所长，1992 年起成为专任所长。我确定了"现实与历史结合，科研与教学结合，重在出人才、出成果"的办所方针；我把中东研究所的学术品格和研究理念界定为：从现实问题出发，追溯和反思历史，再从历史高度，审视现实，并关注未来；又把中东所的发展原则和目标归结为：说自己的话，出自己的书，培养自己的人，走形成自己学派之路。

问：在多年的教学生涯中，您有什么体会？

彭树智：我最重要的体会有两点：一是教材建设，二是队伍建设。在历史系，我先后主编了《世界历史教程》《当代世界史讲座》、4 种世界通史系列教材及两本配套书籍。在教育部指定的全国性本科教材 6 卷本《世界史》中，我担任现代史下卷的主编，并参加了近代史卷的编写工作。在高等教育"十五"国家级规划教材《世界史》4 卷本中，我担任了当代卷主编，参加了现代卷的编写工作。在教材建设中，我体会到强化教材中的学术品位，注重正确处理教材品格的稳定性与创新性，政治与史学的关系，致力于史学本体的回归，最为重要。教材比学术论著更要勤于修订，不断更新知识，更新史学观念。保持学术活力是教材的生命力。

问：在队伍建设方面，您的主要体会是什么？

彭树智：我的主要体会可以总结为"三风""四训""五功"。"三风"就是尊师、敬业、乐群；尊师也包括尊重前人，乐群则包括能在科研群体中发挥协作精神。"四训"就是勤奋、严谨、求实、创新,这是 1984 年我为历史系制订的系训,后来一度也曾作为西北大学的校训。"五功"就是治史需要的五种基本功,即理论、知识、外语、古汉语和写作,这五功是一个整体。一个历史学家应当具有知识渊博、思路敏锐、哲理深邃、文笔隽永的素质和修养。

问:从 1982 到 2007 年,您总共培养了 70 多名研究生,其中培养了 27 名博士,有一些人表现突出。您在培养博士生方面的经验是什么?

彭树智:我在这里主要谈一下关于培养创新性的问题。博士生是创新型的高层次人才。创新是对博士生最基本的要求,也是最重要的质量标准。而创新要求培养在固本基础之上学术个性化,它涉及人文科学和教育科学的学术研究,关系到现代人才培养模式、教学改革、教材建设和学科建设等一系列问题。培养学术个性化,主要是为博士生创造一个多样性的成长环境,在写作论文的各个环节上都要注意提供广阔多样的思考空间和学术个性化的训练条件。这里最重要的是:第一,充分发挥其潜力、爱好、兴趣,尤其是注重其科研生长点上的专业连续性。第二,充分尊重其自主独立意识、个性意识,鼓励他们在勤奋、严谨、求实基础之上的自我多样的选择性。第三,多角度、多侧面启发其问题意识,使之掌握有疑和无疑的治学辩证法。第四,尊重博士生的独立人格,培养他们探索真理、追求真理的品格。对博士学位论文,既重培养过程,也重论文结果,贯通其中的是创新,而自由思想是新发展、新创造的内在要求。第五,培养学术道德自律的自觉意识和健全人格,要珍爱学术生命,树立良好学风。

问:最后,我想了解一下您对国内中东史研究的现状和前景有什么看法?

彭树智:经过几十年的发展,中国的中东史研究已经有了长足的进步。我们已经出版了一批有关中东地区的通史、断代史、国别史、专题史(包括经济、政治、社会、现代化、国际关系、宗教、文化等),翻译了一批中东和西方学者的著作和原始文献,建立了一批遍及全国的学术机构,培养了一大批中青年学者,越来越多的大学设立了中东语言专业,史学研究与现状研究相互交织,与国外学术界建立了较为密切的联系。与 1949 年前相比,变化确实很大。但另一方面,中东史研究仍然存在下列问题:第一,学术著作的数量和质量尚不如人意。例如,能够同时利用西方成果和中东语言的第一手资料的高质量成果并不多。第二,存在学科发展不均衡的情况。从中东断代史来看,上古史自成一派,与中古至近现代的历史没有联系;而且,中古史的研究较为薄弱,近代史也有这个问题。现当代史的研究相对发达,但也存在一些专题研究的落后,例如社会经济史和社会生活史,史学史更是一个鲜有问津的领域,例如对中东学的研究。当代问题的研究,也缺乏前瞻性、自己的理论和独立的思想。这方面也有资料积累的因素。第三,人才培养的结构性问题。在西方,中东语言与专业人才的培养是结合起来的,而中国(日本也是这样)则是分离的,从而造成专业领域毕业的人不懂中东语言,学语言出身的人中东历史专业训练相对不足。近十来年,许多语言专业加强了专业研究,学生都做专业方面的论文,这是一个很好的发展方向,但要真正解决问题还需要许多年的努力。第四,学科带头人的培养。我们需要培养一批真正有远见、富有洞察力和有科研组织能力的卓越的中青年学科带头人,现有的人数还不够。在这方面,从国外回来的海归派很少,看样子还要自力更生。最大的问题,是对中国中东学建设的自觉,不要忽视自己的学术特色和气派,不要忘记建设中国的中东学派。我对中东研究的未来充满着希望,毕竟我们已经有了一个较为坚实的基础。

从文明交往到文明自觉

——访彭树智教授①

一、学术书路的缘起

问:彭先生,您曾经即兴赋诗"东坡无缘见海市,西人有幸执教鞭"。我认为作为"西人"的您与苏东坡确实有相似之处。您的著作与文章读起来飘逸不群、纵横奔放,具有诗、文、词的突出特点,您具有如此深厚的文字造诣与文学功底,却为什么步入史学这一领域,这与您的家庭背景有关系吗?

彭树智:我在高中时,国文学得较好,而且喜欢小说诗词,所以报考西北大学时,第一志愿报的是中文系。我之所以最终选择历史专业有以下原因:一是参加高考时,我的历史成绩优秀,考了 100 分。于是,西北大学历史系优先录取了我。西北大学学风朴实优良,为我进入历史的学术殿堂创造了条件。二是我青少年时代,中华大地内忧外患不断。我不止一次地问老师:"为什么有着那么悠久文明的中国,到今天却一直打败仗,受人欺侮?"老师的回答并不能消除我心中的困惑。这个问题促使我不断思考,这就是我以后学习和研究历史的深层动因。三是家庭环境的影响。1931 年 10 月,我出生在号称关中"白菜心"的陕西泾阳。作为石匠的祖父从河南淅川逃荒于陕西,由商县流转到咸阳,最后定居在泾阳。这种地域环境和移民传统养成了我平实谦和的性格和勤奋努力的气质,促使我有恒心与毅力进行历史研究。

---

① 本文载《历史教学问题》2009 年第 2 期,第 22—26 页。

　　访问者:韩志斌,西北大学中东研究所教授。

问:20 世纪 50 年代初的西北大学是与北京大学等高等学府齐名的教育部直属的全国十大综合院校之一,名师云集,由著名的历史学家侯外庐担任校长。在这种浓厚的学术氛围里,你的大学生涯一定充满很多乐趣吧。

彭树智:大学确实是人生非常重要的阶段,我曾经写过《大学乐》与《大学忆》,以追忆我大学时的乐趣。

> 《大学乐》
> 人生乐
> 最乐是大学
> 人文殿堂养人格
> 科学宫觅生长点
> 金色年华火红歌
> 岁月莫蹉跎!
> 《大学忆》
> 往事多情趣
> 求是楼中吟"三境"
> 西树林下议"力取"
> 周末常游古书肆
> 乐奏骑兵曲!

上面两首诗蕴含着的三个典故使我一生受益匪浅。一是培养科研生长点。大学是科学之宫、学术之殿,有幸步入它,必须选好科研生长点。我记得当时的西北大学校长,马克思主义史学家和教育家侯外庐先生在谈到治学经验时,特别强调在大学时就要选好科研生长点。这对我影响很大,我把印度史确定为自己的生长点。我的大学毕业论文是《印度现代民族解放运动》,长达 15 万字,被老师评为优秀。经过半个多世纪以后,再回顾这段学史经历,我更加体会到:选择科研生长点是治史的关键一环,是科学工作者安身立命之地。有一个具有时代性和富于开拓性的科研生长点,有利于青年人勤奋而有目标的在这块基地上耕耘,使科学的种子生根、开花、结果。

二是以秦汉史见长的陈直教授曾告诉我关于王国维的"治学三境"。治学一境是"昨夜西风凋碧树,独上高楼,望尽天涯路";治学二境是"衣带渐宽终不悔,为伊消得人憔悴";治学三境是"众里寻他千百度,蓦然回首,那人却在灯火阑珊处"。这"三境"使我受用终身,愈老愈体味到它们给我治学上带来的科学和艺术上美的享受。

三是坚持"力取"。有一次读赵翼的诗:"少时学语苦难圆,只道功夫半未全。到老始知非力取,三分人事七分天。"我觉得赵翼太轻视人的主观力量,于是在读书笔记上写下了"水滴石穿,绳锯木断,持之以恒,功效乃见"的话。后来,在治学中我才慢慢体验到主观与客观的辩证关系。

问:北京大学的老师大都是中国极负盛名的史学大家,我想他们对您的治学影响一定很大。请彭先生谈一下您在北京大学读研究生期间的学术心得与体会。

彭树智:北京大学的老师确实对我的影响很大。周一良老师为我打下了亚洲史、中国与亚洲各国关系史的深厚基础,季羡林老师和陈翰笙老师耳提面命,使我对印度近现代史的学习深入了一大步。这种教诲尤其体现在治学态度和方法上。例如周一良先生在看到我的毕业论文时,只是随意地扫了一眼题目,然后直翻最后一页。他说:"这是要你学得扎实!我先要看你写论文究竟查了多少资料,谁的资料。资料要是不够的话,论文你写得再好我也不看!"老师的关爱和希望化为我不断努力的动力。我认为,师生情谊是人生最美好的情谊。我在研究生学习期间,我的亚洲史专业老师苏联援华专家瓦·巴·柯切托夫是一个治学严谨的人。他在看了我的第一篇专业论文《1857年印度反英大起义前夜的社会经济与阶级关系》俄文稿后,很是欣赏,鼓励我进一步修改。他用俄罗斯谚语说:"奶酪好吃,但烤一下更好吃。"在研究生论文写作过程中,我得到了我的老师周一良、季羡林、陈翰笙诸先生的精心指导,受益良多。此后,我相继探讨了1857年印度起义、1905—1908年的印度独立运动、印度民族主义革命家提拉克、印度大资产阶级的形成,一直到甘地的独特思想体系,在这个有开拓性的生长点上,我完成了一系列的论文和著作,其中一些论文先后在《人民日报》《北京大学学报》和《历史研究》等报刊上发表。

问:1957年您研究生毕业,回到西大任教,开始了50多年的执教生涯。那时正值一个政治运动持续不断的年代,特别是"文革"期间,您是如何进行科学研究的?

彭树智:十年"文革"对我真是一段不寻常的经历。"文革"开始后,我这样考虑:业务虽然不能研究,但马列原著还是被鼓励学习的,何不从这些智慧之书中寻找一个新的科研生长点呢? 于是自己着手拟定了一个开拓性的课题——研究10个国际共运史上有争议的人物。从此,即使是在开批判会或大游行时,在阵阵打倒声中我也不忘在怀里揣上一卷《马克思恩格斯全集》或《列宁全集》。在"文革"中,我系统地读完了60多本马列全集,写了大量的读书笔记。而"文革"后期和结束不久,我就连续出版了《叛徒考茨基》(1978)、《修正主义的鼻祖——伯恩斯坦》(1982)和《无政府主义之父巴枯宁》(1985)3本专著,共计100余万字。这几本书从恢复历史人物的本来面目出发,通过系统研究经典作家的直接论述,以及对时代性、创造性、复杂性和阶段性的探讨,锻炼了我寻找科学研究生长点的毅力。

虽然繁忙的政治运动、教学任务和家庭负担给自己带来了重重困难,但我并没有放弃科学研究,而是把教学同研究结合起来,在教学中寻找结合点。亚非拉民族主义思潮是民族解放运动的思想和理论表现,要深入下去,必须从民族觉醒追溯到民族自觉思想。这样,我形成了又一个学术研究生长点——民族解放运动史。20世纪80年代以来我先后完成了两部有关民族主义问题的专著,即《现代民族主义运动史》(1987)、《东方民族主义思潮》(1992)以及合著《第三世界的历史进程》(1999)。《东方民族主义思潮》是我比较满意的一本著作,它在1995年荣获国家教委的人文社会科学优秀成果二等奖,我认为这是对我研究工作的肯定。

二、学问人生的智慧

问:彭先生,十一届三中全会后,科学的春天降临祖国大地。您在继续研究印度史的同时,又开拓了民族主义运动思潮及中东史等新领域,您的科研进入创造和收获的高峰期。请您谈一下"现代民族主义运动史的理论体系"。

彭树智:这主要体现在《现代民族主义运动史》(西北大学出版社1987年版)和《东方民族主义思潮》(西北大学出版社1992年版)两书中。前一部著作摆脱了"民族解放运动史"的模式,创立了民族主义思想体系、政治运动与改革运动三大部分相互联系的新体系。我用类型分析法归纳出民族主义运动的五种领导形态,即除以往肯定的无产阶级外,还有民族资产阶级、小资产阶级、爱国封建王公和部落酋长;并用大量篇幅论述了亚非拉各国的现代化改革运动,拓宽了民族主义运动史的研究领域。该书因方法新颖、内容深刻,受到国内学术界的好评。

我在《东方民族主义思潮》一书中,从东方政治文化的角度,集中探讨了东亚、南亚、东南亚及中东地区的民族主义思潮。我认为,从1905年开始,东方像西方一样也走向建立民族国家的历史趋势,最终在20世纪60年代建立了东方民族主义的国家体系。因此,东方民族主义的兴起是具有世界历史意义的现象。该书深入研究了东方民族主义思想体系的来源、内容和特点及其实践中的经验教训,我对一系列重大问题提出了自己的看法。

问:彭先生,您取得的显著成就同您所主张的学风是离不开的。您曾经说:"从求学治学的角度来看,勤奋是基础,严谨是要求,求实是原则,创新是方向。这种学风贯穿着三种基本精神:献身、科学和进取精神。"您能讲一下它的具体内涵吗?

彭树智:首先是重视理论思维。我觉得从事历史科学的任何一个专业,都必须有历史哲学的修养。只有这样才能具备广博和深远的历史洞察力。这种洞察力表现在选择课题方面,即为科学的鉴赏力,也就是选择值得深入研究、具有发展前途的研究方向,对课题要具有冷静分析与辨别能力。

其次,注重整体分析。我认为历史研究的整体观既可反映近代以来人物历史密不可分的现实,又可避免孤立、片面的错误。我在《从伊斯兰改革主义到阿拉伯民族主义》(《历史研究》1991年第3期)中全局纵览了伊斯兰改革主义与阿拉伯民族主义的关系。阿拉伯民族主义作为一种地区政治文化,在思想渊源上同伊斯兰改革主义相交融而生,在政治背景上应阿拉伯统一运动之运而发,在经济基础上伴同民族经济的成长而成长,在文化上随着现代化与传统的矛盾的发展而发展。近代伊斯兰改革主义构成阿拉伯民族主义的重要源头和出发点。整体的综合分析使该文全面、系统、立论深远。

再次,强调中外历史的结合。在《现代民族主义运动史》等书中,我用大量篇幅论述了中国民族主义与其他东方国家民族主义代表人物的相互联系和影响。我主编的《20世纪中东史》和《阿富汗史》都有专门章节论述与中国的关系。《孙中山与亚洲民族主义思潮》(《西北大学学报》1987年第2期)则把孙中山的民族主义在亚洲这一大环境中予以考察。认为孙中山作为三民主义思想体系的创立者,比之于同一时期亚洲其他民族主义思想家,具有更广阔的视野、更深刻的历史洞察力和"与时共进"的追求真理和服从真理的进取精神。这一结论是在比较研究的基础上做出的,因而更具有说服力。

最后,学习一切有用的理论和方法,包括西方的理论和方法。我在自己的研究工作中多次运用新方法。我用类型分析法按地域特征将两次大战之间的亚非拉改革运动分为中东地域性、北非地域性、拉美墨西哥型三种类型;将亚非拉民族主义思潮分为革命民主型、宗教道德哲学型、世俗改革型、综合型等类型进行了分析。我还用比较研究分析东方各种民族主义思潮的不同特点;用层次分析法揭示了纳赛尔从埃及民族主义到阿拉伯民族主义再到阿拉伯社会主义层层深化的思想历程。在《20世纪中东史》等书中,我借鉴西方社会史的研究方法,增添了社会生活史等新内容。

问:20世纪90年代初,伴随世界整体化过程的加强和我国新时期改革开放政策的深入发展,您开始综合古代世界文明的发展来思考和研究人类社会的"历史交往"问题。1994年,您先后发表了三篇具有代表性的研究成果:《一个游牧民族的兴亡——古代塞人在中亚和南亚的历史交往》《阿富汗与古代东西方文化交往》和《伊朗和中国古代物质文明的西传》。请您谈谈对历史交往的理解。

彭树智:这些研究成果根据马克思主义的唯物史观,对"历史交往"的内涵、类型、形式、分期及其作用进行新的探索与归纳。我认为,"交往"是一个专门的哲学概念。可谓"交往"是人类主体之间的相互沟通、相互理解、相互交流和相互作用,它是人类存在的基本方式和发展的基本活动。它同人们对客体的物质生产活动共同组成了人类历史不可缺少的两个方面。同时,应把"交往"作为世界史横向发展的联系线索,把交往活动和生产活动的发展结合起来,把交往和交换综合观察,就会更全面地反映人类社会发展的客观面貌。交往既包括物质交往,也包括精神交往。物质交往,首先是人们在生产过程中的交往,这是精神交往的基础。从某种程度上说,人类历史就是一部不断打开闭塞状态,走向世界普遍联系的交往史。

《古代塞人在中亚和南亚的历史交往》一文,通过远古游牧民族塞人的兴亡过程,分析了人类历史交往的第一时期,即原始交往和自然经济农耕文明的传统交往时期,并进而引申出人类历史交往的五个发展时期。塞人的历史交往使它扮演了双重的历史角色:它既是早期游牧民族对农耕世界的侵袭者和劫掠者;又是这两个世界文化交流的使者和早期东西方交通的开拓者。塞人的活动是古代世界历史交往的缩影。

《阿富汗与古代东西方文化交往》《伊朗和中国古代物质文明的西传》二文,则以阿富汗和伊朗作为具体的模型,从微观上进一步开掘了"历史交往"活动的形式和内容。例如后一篇文章中认为古代历史交往中,商业交往重于战争交往,并分析了中国传统医学是以自己的文化与特点在历史交往过程中走向世界的。

问:中东在政治地缘史上历来就是较为开放的地区。在人类社会由闭塞、分散走向开放、联系的文明化过程中,中东是变化最快的地区之一。中东地区是 20 世纪以来,特别是第二次世界大战以来国际关系中的一个持续性特征最突出的"热点"。您是如何从南亚研究转入中东研究领域的?请介绍一下您在中东研究方面所取得的代表性成果。

彭树智:早在 1958 年 7 月,伊拉克革命后,我仅用了三天时间,就写成一篇 12000 余字的激情文章——《略论阿拉伯民族解放斗争的新阶段》,发表在《人文杂志》。1979 年,苏联军队入侵阿富汗震惊了世界和中国。作为阿富汗邻邦的中国学者应当对此做出反应,而我过去在印度近现代史方面的积累为此奠定了良好的基础。不久,我就在《百科知识》(1980 年第 3 期)上发表了《1841 年阿富汗人民反对英国侵略者的斗争》一文,由此,步入了中东史研究领域。

1964 年,西北大学成立的中东研究所是我国最早成立的国际问题研究所之一,集中了一批掌握多种外语的人才,积累了大量的外文资料。同时,从 1982 年开始,我就注意培养中东史的硕士研究生,为未来中国的中东研究补充新生力量。经过精心准备,1986 年,经国家学位委员会批准,西北大学设立了"世界地区史、国别史(南亚中东史)"博士点。这是我国第一个中东研究的博士点,对于中国的中东研究和人才培养具有重要意义。

1987 年,我以历史系主任的身份兼任中东研究所所长。我选择有开拓性的课题,组织集体攻关,加强国内外学术联系,取得了明显的成果。20 年来,中东研究所的科研硕果累累,先后出版了由我主编的一系列中东史著作:《阿富汗史》(1993)、《伊斯兰教与中东现代化进程》(1997)、《阿拉伯国家简史》

(1991),2002年改名为《阿拉伯国家史》,作为教育部确定的全国研究生教学用书第三次修订再版,并于2000年获得了国家级优秀教学成果二等奖;在1990年海湾危机和海湾战争后,又完成了面对广大青年的《中东国家和中东问题》(1991);1992年出版了《二十世纪中东史》,2001年同样列为教育部确定的全国研究生教学用书修订再版。

2000—2007年,商务印书馆陆续出版了我主编的《中东国家通史》。这是一部包括13卷本的中东地区国别史,共400多万字,每卷由一个国家或国家群所组成,包括《阿富汗卷》《沙特阿拉伯卷》《以色列卷》《伊拉克卷》《也门卷》《伊朗卷》《叙利亚和黎巴嫩卷》《土耳其卷》《埃及卷》《约旦卷》《巴勒斯坦卷》《塞浦路斯卷》和《海湾五国卷》。《中东国家通史》依照通史体例来把握中东地区的整体面貌,各卷自成一体,但又互为联系。各卷采用历史叙述方式,由古及今地阐明各国历史变迁的过程、特征和规律。同时,注重历史与现实之间的双向考察与反思,从现实出发,追溯历史,再从历史高度审视现实,从而达到"关照现实"与"反思历史"的一致性。各卷对各国的社会、政治、军事、经济、教育、学术、艺术、科技、地缘环境等方面进行了全方位、多层次的扫描,并以专章探讨了相关国家与中国的关系。本书可以说是我应用文明交往观分析历史的深入探索,尤其是在"卷首叙意"和每卷的"后记"中,着重阐明了这一点。《中东国家通史》是西北大学"211"工程的标志性成果,也是第一部由中国学者撰写的中东各国的通史性著作,具有较高的学术水准,在国内学术界引起了较大反响。

三、从文明交往到文明自觉

问:20世纪90年代以来,您以一位史学家的睿智,敏锐地意识到交往理论的前沿性和交叉性,率先探索用文明的纬度思考交往,用交往的视角研究文明,发表了一系列独具见地的论文与专著,创造性地提出了"文明交往"这一概念。您为什么从"历史交往"的思考转向"文明交往"的思考?

彭树智:吴于廑先生曾把生产力和社会交往称之为"世界历史纵向发展和横向发展"。我也是从那时起,较为系统地阅读了《德意志意识形态》《共产党宣言》和经典作家有关生产力和交往的其他论著。我想,从人类文明交往这个理论角度研究世界史,也许更能反映经典作家所说的世界史的"世界历史性"。我之所以强调交往在文明史中的地位,是因为交往在人类文明生成和演进中起着决定性作用。此后,我在世界史、中东史、东西方文明关系史的探讨中,形成并检验了我的文明交往论,也结合当代世界各种文明交往关系,思考文明对话在交往互动规律中的作用问题。我也研究了一些文明、文化理论和文明史著作,感到许多作者对"文明交往"问题有不同程度的忽视。伊朗前总统哈塔米有"不同文明之间对话"的倡议并得到联合国的认同。这也说明了文明对话是消除对抗冲突、破除隔阂壁垒和走向国内和谐、国际和平的必由之路。在《中东国家通史·伊朗卷》编后记中,我用下面的话作为结语:"对话浪潮是大势所趋。21世纪文明交往的新时代曙光已经出现了"。

问:文明交往是世界各民族之间最常见和影响最深远的历史交往形式,也是最早、最深层面的历史活动,您曾经写道:"文明的生命在交往,交往的价值在文明。文明的真谛在于文明所包含对人文精神实质。"那么文明交往的具体内容是什么?

彭树智:人类文明交往的基础是生产实践活动,而生产实践活动的前提是人类的社会交往,这种人同自然的双重交往关系,是建立人类文明社会的根本;人类文明交往由低级向高级演进,由野蛮状态向文明化上升,使人类历史由地域的、民族的、国家的交往,走向世界性的普遍交往,使历史从分散逐步转变为整体的世界或全球历史;人类文明交往的基本内容是物质文明、精神文明、制度文明和生态文明,贯穿于四大文明交往的过程是人与人、人与自然之间的主体—客体—主体多向联系的本质统一;人类文明交往因社会历史状况错综复杂而表现为多种多样,大致而言,和平与暴力是两种基本的交往形式。人类文明交往有以下重要因素:主体和客观、交通和科技、民族和国家、利益和正义;人类文明交往的基本属性是:实践性、互动性、开放性、多样性、迁徙性;人类文明交往的链条为七对环节:挑战与应战、冲突与整合、有序与无序、外化与内化、现代与传统、全球与本土、人类与自然;人类文明交往发展的总特点是:由自发走向自觉,由自在走向自为,由情绪化走向理智化,由必然走向自由,由对立、对抗走向对话、合作;人类文明追求的目标是人与人、人与自然、国家与国家之间和睦、和谐、平等、互利,是对自己文明的自尊、欣赏和对异己文明的尊重、宽容,乃至欣赏,是抱着爱其所同、敬其所异的广阔胸怀和对人类共同美好理想的追求。

问:彭先生,纵览您的学路人生,我发现您始终处于理论与学术的思考中,可以说您的学术生长点处于不断地扩大与延伸,从印度民族主义——阿拉伯民族主义——东方民族主义——历史交往——文明交往。您最近又提出"文明自觉"的理念,后者提出的背景是什么,文明交往与文明自觉有什么联系?

彭树智:我从文明交往深化为文明自觉是基于一种信念:我相信人类发展思维逻辑在实践与理论结合中可以自由、自觉的交流各自的文明创造。人类发展思维这一文明自觉理念可以理解为人类文明交往互动规律。具体说在《阿拉伯国家史》的修订过程中,我探讨了 20 世纪阿拉伯世界与外部文明在交往方面涌现的人文社会科学清新潮流。对文明交往的新现象有如下思考:这是一股和阿拉伯世界内部相辉映的、有深厚文史哲根基并吸取西方文明的侨民文化;它的代表人物是美籍巴勒斯坦裔文化学者爱德华·萨义德,他在《东方学》著作中澄清了欧美式的"东方主义"迷雾,以远见和客观视野评价了阿拉伯和中东问题;它的另外两位代表人物是美籍黎巴嫩裔历史学家菲力普·K. 希提和美籍黎巴嫩裔文学家纪伯伦,前者的名著《阿拉伯史》和《叙利亚史》反映了不同文明交往的深度,把史学的通识和通变建立在丰富资料的基础之上,堪称"侨民史学"的代表作;后者融东西方文学思想,并用阿拉伯语与英语写作诗文的"纪伯伦风格"而开创一代新风,其代表作《先知》被冰心赞誉为"满含东方气息的超妙哲理和流丽文辞",可与泰戈尔的名作相媲美。萨义德关心伊斯兰文明的发展,然而他和印度诺贝尔文学奖得主奈保尔一样,对自己本民族文明的前途不持乐观态度。伊斯兰文明的复兴力量,从根本上说,是民族内部的经济发展程度,自然这后面还有深远的历史道理。文明交往的自觉性,是古老文明复兴的精神力量。可见,一种文明的生命力最根本关键在于内在生长"定力"和适应新生存环境变化而复兴和创造新文化的交往力。总之,阿拉伯国家史的修订使我从文明交往的思考进入了文明交往自觉的思考;这种思考也和《二十世纪中东史》《中东国家通史》编写过程结合在一起,使我从中东历史变动中深深感到,文明交往的真谛在于人类人文精神和人文理性的自觉。

在《中东国家通史·卷首叙意》中,我提出了"文明交往论是文明自觉论"

的命题。人类文明的自觉,不仅在文明交往过程中提升,而且文明自觉实质上就是文明交往的自觉,是人类交往的文明化。这种自觉,是人类用自身的精神觉醒观察世界历史,是人类用自身的文明开启蒙昧和野蛮,是追寻人类文明交往中的盛衰与复兴,是人类在文明交往中不断摆脱新的枷锁而获得思想解放,是人类在实践中提高社会进步和文明程度的升华。

问:文明自觉论可称之为文明交往自觉论,文明自觉是以文化思想自觉为核心、以文明交往自觉活动为主线的人类创造历史的实践活动。您将其要点简略概括九个方面,它们具体包括哪些内容?

彭树智:一个中轴律:人类文明交往互动规律。认识和把握交往互动律的自觉性表现为:在深刻的矛盾对立中把握文明交往互动,把对抗、冲突和共处、同进统一于历史选择的相融点上,使之在这个中轴律上自觉运转。

两类经纬线:人类文明交往互动的经线为相同文明之内的相互融合;纬线为不同文明之间的相互交流。人类文明交往互动的内外关系促使研究者在普遍联系中确立用以把握世界历史的理论体系,回答全球文明化的整体性、联系性、依存性与制约性问题,从而获得自觉。

三角形主题:人类文明交往互动围绕着人与自然、人与社会和人与自我身心这三大主题的三角形路线进行。三角形的底线为人与自然之间的交往互动,两边为人与社会和人与自我身心之间的交往互动。

四边形层面:人类文明交往包括物质文明、精神文明、制度文明和生态文明这四个主要层面。人类历史虽然像自然一样运行,其实质都服从交往互动规律,只不过是人类有自觉的意识在起作用,而这正是文明自觉最关键之处。

五种社会文明交往形态:人类文明交往史上有五种社会交往形态:社会结构、社会制度、社会关系、社会意识和社会生活。对社会性考察越细致入微,也就可以从中全面认识文明交往的具体特征,从而取得史学本体的进步和获得学术的自觉。

六条交往力网络:人类文明交往的驱动力是与生产力相互伴随的交往力,二者又是历史传统的积累和现实体躯的创造力。交往力既见之于物质,也体现于精神。这六条交往力是:精神觉醒力、思想启蒙力、信仰穿透力、经贸沟通力、政治权制力、科技推进力。这六种交往力所互动的合力形成了人类文明交往自觉的壮丽风采和恢宏气象。

七对交往概念：即传承与传播、善择与择善、了解与理解、对话与对抗、冲突与和解、包容与排斥、适度与极端。了解与理解属不同的递进阶段，而尊重对方是关键；对话与对抗、冲突与和解、包容与排斥之间，都有对立与转化联系；适度是文明交往自觉性的尺度，而极端为文明交往所应预防的危险倾向。

八项变化：人类文明交往是变动化的实践活动。其化要义有八：教化、涵化、内化、外化、同化、转化、异化、人化。所有这八项变化是因文明自觉程度而决定其深化程度。

九何而问：人类文明交往的自觉在于问题意识的引导，它引导人们自觉地发现、提出、分析、解决问题。这些问题可归纳为"九何"：何时？何地？何人？何事？何故？何果？何类？何向？何为？

问：彭先生，最后请您为我们学界同仁提几点希望，作为我们访谈的结束语。谢谢您接受我的访谈。

彭树智：总之，全球化时代的文明交往和文明自觉，具有十分丰富的内容和宽广的研究空间，有待我们进一步探讨。面临这个新课题，引发我们思考全球交往文明化的新表象、全球化趋势与民族文化建构和交往文明化语境下的历史观等等人类文明自觉论的问题。科学不是宗教信仰，它不但允许怀疑，允许质疑，而且认为以求真科学精神所导引的质疑是任何科学理论成熟的必由之路。怀疑精神是科学理论长途跋涉中由一个驿站到另一个驿站的动力。科学理论不讳言问题，因为下一程起步是由问题起步的。问题意识是学术研究的自觉意识，是开放的学术思维方式。由文明交往论到文明自觉论，仅仅是从理论层面讨论的开始。我希望学界同行的更多参与，以提高学术的自觉性。

从人类文明交往中探寻中东研究的学术自觉
——彭树智先生访谈实录①

彭树智先生,1931 年生,陕西泾阳人。1954 年毕业于西北大学历史系,同年被保送为北京大学研究生,学习亚洲史专业。他曾长期担任西北大学历史系主任、文博学院院长、中东研究所所长等职,现为西北大学中东研究所名誉所长、教授、博士生导师,培养博士生 36 名,其中大部分已成为我国中东研究的骨干力量。他在中东和南亚史、世界近现代史、国际共运史和史学理论研究方面的研究成果卓著,编撰的《二十世纪中东史》《阿拉伯国家史》《中东国家通史》(13 卷)、《中东史》等已成为我国中东史研究的奠基之作。近年来,彭先生依然在岗执教、笔耕不辍,关注于文明交往和文明自觉的研究,撰写了《两斋文明自觉论》(三卷)、《我的文明观》和《老学日历》等著作,为我国的世界史和中东研究提供了新的思路。本刊记者访谈和介绍其彭先生的学术经历及学术思想的演变,旨在对世界史研究和中东问题研究有所启迪,嘉惠后学。

一 书路崎岖觅机缘

访谈人:彭先生,您在世界史领域成就卓越,同时您的文学造诣深厚,文笔深博,常常喻文于诗。您是如何走上历史研究的道路?求学期间的经历如何影响了您后来的研究?您早年的家庭和社会环境对您的学术研究产生了

---

① 本文原载《中东问题研究》2016 年第 1 期。

访谈人:闫伟,西北大学中东研究所讲师。

什么影响?

彭树智:我于 1931 年出生在陕西泾阳。泾阳位于富饶的泾惠渠灌区,干渠与支渠纵横交错,因盛产棉粮,也被称为关中的"白菜心"。我们家早年很穷苦。祖父从河南淅川逃荒到陕西,再由商县(今商洛市商州区)到咸阳,最后定居泾阳;外祖父则是从湖北逃荒而来。也许这种地域环境和移民传统养成了我平实谦和的性格和勤奋努力的气质。

我的青少年时代,祖国大地备受列强蹂躏。我不止一次问老师:"为什么有着那么悠久文明的中华大国,到今天却一直打败仗,受外敌凌辱?"老师的回答并不能消除我心中的困惑。这个问题促使我不断思考,这就是我以后学习和研究历史的动因。我在高中时,国文学得特别好,而且喜欢诗词,所以报考西北大学时,第一志愿报的是中文系。但是,我的历史成绩得了满分。于是,西北大学历史系优先录取了我。

20 世纪 50 年代的西北大学由马克思主义历史学家侯外庐先生担任校长,名师汇聚、学风浓郁。当时,西北大学是与北京大学等高校齐名的教育部直属的全国十大综合院校之一。学校条件艰苦,教室都是旧平房,冬天没有暖炉。更严峻的是,家境困难使我不得不在全国各种报刊上拼命发表文章,小说、报道、书评、影评……什么都写。起初还有些困难,到了后来,就是写一篇发一篇;再后来,就不断有编辑、记者专门到学校约稿。通过大量写稿,一则达到了练笔的效果,为后来著书作文打下了写作基础;二则解决了生活危机,最终得以完成学业。大学阶段有三点学习体会。

一是培养科研生长点。大学是科学之宫、学术之殿,有幸步入它,必须选好科研生长点。我记得侯外庐先生在谈到治学经验时,特别强调在大学时就要选好科研生长点。这对我影响很大。章太炎是一位中国近代史学的承前启后者,他用历史发展观、现代史和民族主义观,把古代与现代中国史学衔接起来。我读《民报》上章太炎同印度革命志士的交往史事,选择印度近现代史这个有开拓性的领域,作为本科毕业论文,具体着手处是印度民族独立运动史。做这个题目费去了我大学三四年级的大部分时间,写成了 20 万字的一本厚厚的稿本。经过半个多世纪以后,再回顾这段求学经历,我更加体会到:选择科研生长点是为学治史的关键一环,是科学工作者安身立命之地。有一个具有时代性和富于开拓性的科研生长点,有利于青年人勤奋而有目标地在这块基地上耕耘,从而使学术生命的种子生根、开花、结果。

二是以秦汉史见长的陈直老师曾告诉我关于王国维的"治学三境"说。治学一境是"昨夜西风凋碧树,独上高楼,望尽天涯路";治学二境是"衣带渐宽终不悔,为伊消得人憔悴";治学三境是"众里寻他千百度,蓦然回首,那人却在灯火阑珊处"。这"三境"使我受用终身,愈老愈体味到它们给我诗意治学道路上带来的科学和艺术上真善美的享受。

三是追求学术自觉,迎艰克难。有一次读清代学者赵翼的诗:"少时学语苦难圆,只道功夫半未全。到老始知非力取,三分人事七分天。"我觉得赵翼这种人事天道"三七开"的观点太轻视人的主观力量,于是在读书笔记上写下了"水滴石穿,绳锯木断,持之以恒,功效必见"的话。后来,在治学中我才慢慢体验到主观能动性与客观逐步走上学术自觉之路的辩证关系。

访谈人:众所周知,您是国内著名的中东史专家,但您在南亚史、民族主义运动史和国际共运史领域同样有着重要的建树。您为何选取这些领域作为研究对象,并且最终将中东史作为学术研究的重点,这与当时的国内外环境具有哪些联系?

彭树智:1954 年,我带着本科毕业论文见我的导师周一良先生。周先生同意我的研究方向,还把它介绍给了季羡林先生。在北大攻读研究生期间,我利用一切时间进行科学研究。当时 3 个人一屋,白天读书,想问题,可以边读边记。但是到了晚上,躺在床上,忽然想起了要记的问题,记吧,要拉开电灯,会影响同屋学兄的休息;不记吧,许多稍纵即逝的思想火花,第二天又想不起来,怅然若失。后来我想了个办法,用讲义夹夹上纸张,夹旁用线绑上铅笔,放在枕边。一想起要记的问题,就摸黑用铅笔记下要点,虽然第二天看那些歪扭、甚至重叠的字,但仍能整理成笔记而不至于忘记。在北大求学期间,我没有回过一次家,也没有游览过北京的名胜。

后来,我们北大四位亚洲史研究生到东北师范大学随苏联专家柯切托夫学习远东和东南亚近现代史,正逢 1857 年印度起义百周年纪念。柯切托夫老师看了我发表在《人民日报》5 月 10 日的《1857 年印度人民起义的历史意义》一文后,有所嘉许,指导我写作《1857 年印度反英大起义前夜的社会经济与阶级关系》论文,并鼓励多多修改。他说:"奶酪好吃,但烤一下更好吃。"此后,我相继研究了 1905—1908 年的印度独立运动、1946 年海军起义、印度民族主义革命家提拉克、印度大资产阶级的形成,一直到甘地的独特思想体系。在这个有开拓性的生长点上,我完成了一系列的论文和著作,一些论文先后在《历史教学》《历史研究》《北京大学学报》等刊物上发表。

1957 年,我研究生毕业,回到西北大学任教,开始了近六十年的执教生涯。那是一个政治运动持续不断的年代。虽然频繁的政治运动、繁忙的教学任务和家庭负担给自己带来了重重困难,但我并没有放弃科学研究,而是把教学同研究结合起来,在教学中寻找结合点。我坚信一个治学信念:"真理是需要在争辩中明朗和完善,在实践中检验和证实的,而不是靠权力压服的。"几年下来,我形成了又一个科研生长点——民族解放运动史。我针对"1924—1927 年亚非民族解放运动低落"的传统说法,针锋相对地提出了这一时期民族运动"持续高涨"、东方并非世界革命的配角的观点。改革开放以来,这一观点已被许多世界现代史教材所采纳。在这一研究基础上,20 世纪80 年代以来我先后完成了三部有关亚洲、非洲和拉丁美洲民族解放运动的专著:《现代民族主义运动史》(西北大学出版社 1987 年版)和《东方民族主义思潮》(西北大学出版社 1992 年,人民出版社 2013 年再版),后来又与博士研究生合著《第三世界的历史进程》(中国青年出版社 1999 年版)。其中,《东方民族主义思潮》于 1995 年荣获国家教委人文社会科学优秀成果二等奖。这也是对我研究工作的肯定。

十年"文革"对我而言,真是一段不寻常的人生经历。此前,虽然政治运动不断冲击业务,但学校还未停课"闹革命"。而在"文革"这场空前的大灾难中,学校不成其为学校,哪有可能从事研究。就个人而言,我在"文革"前已经受到了"关注"。1960 年,我受到批判,被剥夺了反驳和讲课的权利。"文革"开始后,我在起初的一段时间,惊恐、茫然,后来也和大多数教师一样,无可奈何地顺乎自然。但是有一个念头总是时隐时现:难道就这样随波逐流让时光白白逝去?总得给人间留点文字成果吧!我当时有这样的考虑:业务虽然不能研究,但马列原著还是鼓励学习的,为何不从这些智慧之书中寻找一个新的科研生长点呢?于是,我拟定了一个开拓性的课题——研究十个国际共运史上有争议的人物。

迷惑状态向不惑状态转化了,怨悔之心变为决心而付诸行动。目的明确了,我针对研究课题开始对《马克思恩格斯全集》和《列宁全集》一本本地读,一边读一边做笔记。从此，即便在开批判会或大游行时，在阵阵打倒声中我也不忘在怀里揣上一本马列著作。这"革命味"十足的行为甚至引起了红卫兵们的注意，他们夸道："看，彭老师学马列多认真啊！"其实，他们不知道在最困难的时期，我在新的科研生长点上播种生根。有了新的生长点，兴趣油然而生、理念历久而弥坚。在那惊恐慌乱而蹉跎的岁月，我竟然系统地读完了《马克思恩格斯全集》和《列宁全集》，并在"文革"后期出版了《叛徒考茨基》（陕西人民出版社 1972 年第一版，1975 年再版）。接着又出版了《修正主义的鼻祖——伯恩斯坦》（陕西人民出版社 1982 年版）和《无政府主义之父巴枯宁》（陕西人民出版社 1988 年）两本专著。这几本书，共计一百余万字，从恢复历史人物的本来面目出发，通过研究经典作家的直接论述，以及对时代性、创造性、复杂性和阶段性的探讨，提出了较为客观的评价，但也留下了深深的时代印记。后来我曾经开玩笑说，自己当了几年国际共运史战线上的"游击兵"。这段独特的经历锻炼了我的理论思维力和寻找科学研究生长点的毅力。

"文革"结束后，我开始转向中东史的研究。实际上，早在 1958 年 7 月，伊拉克革命爆发时，我就接触到了中东研究。当时血气方刚的我仅用了三天时间，就一气呵成一篇一万两千余字的文章——《略论阿拉伯民族解放斗争的新阶段》，在《人文杂志》上发表。但是，我真正转向中东研究，却是在 21 年后。

1979 年，苏联军队入侵阿富汗的隆隆坦克声震惊了世界和中国。作为阿富汗的邻国，中国的学者应当对此做出反应，而我过去在印度近现代史方面的积累也为此奠定了良好的基础。不久，我就在《百科知识》1980 年第 3 期上发表了《1841 年阿富汗人民反对英国侵略者的斗争》一文，由此步入了中东史研究领域。

我敏感地意识到，这是一个学术契机。我从中东现实乱局中发现，中东是一个有待开拓的新研究领域。于是，我当机立断：一定要啃下这块硬骨头！我从两个方面着手，一是展开对阿富汗近现代史的研究，二是结合当时世界现代史教学的需要，对土耳其民族解放运动的领导人凯末尔的思想深入挖掘，其结果是 1980 年提交给世界现代史研究会年会的论文《凯末尔和凯末尔主义》，后来发表于《历史研究》1981 年第 5 期。西北大学有一个有利条件，就是 1964 年成立的中东研究所(原名伊斯兰教研究所)是我国最早成立的国际问题研究所之一,集中了一批掌握多种外语的人才,积累了大量的外文资料。同时,从 1982 年开始,我就注意培养中东史的研究生,为未来中国的中东研究补充新生力量。1986 年,国家学位委员会批准在西北大学设立"世界地区史、国别史(南亚中东史)"博士点,这是我国第一个中东研究的博士点,对于中国的中东学科建设具有重要意义。

二　文明交往树新枝

访谈人: 您在民族民主运动研究领域做了大量开创性的工作。您如何评价您在这些领域研究中理论、观点和方法等方面的贡献。

彭树智: 我认为,史学家研究历史,要在动荡激烈的社会中考察社会变革演进过程,在变革演进中探求社会发展的规律,在统一体中分析多样性,把世界史看成"和而不同"的整体。我在民族民主运动方面的思考结果有如下几方面:

其一,在世界现代史教学中,我把 1924—1927 年的亚非民族解放运动及其与中国大革命的联系作为重点。我的基本方法是历史比较,把欧美国家、日本的无产阶级革命运动与亚非拉民族解放运动发展的历史轨迹进行比较,结果发现:在 1917—1924 年,这两大运动是同步发展的,都处于高潮;但在 1924—1927 年,欧美和日本的无产阶级革命运动处于低潮,而亚非拉民族解放运动却持续高涨,并采取了武装斗争与国内革命战争的形式,社会主义政党在不少国家领导了运动,尤其是中国。

其二,20 世纪 80 年代中期,我进一步通过类型分析的方法,探讨了两次世界大战之间亚非拉的民族民主运动,在《世界历史》上发表了论文《两次世界大战之间亚非拉民族民主运动的类型分析》(1987 年第 3 期)。我在文中提出,自从 20 世纪初亚洲觉醒以来,实现民族、民主的双重任务是亚非拉国家共同的时代使命。因此,应当用"亚非拉民族民主运动"来代替在我国沿用苏联模式而叫了 30 余年的"民族解放运动"。1987 年,我提出的"亚非拉民族民主运动"提法为国家教委所采纳,取代了原有学科目录中的"民族解放运动史"的提法。

其三，两次大战之间民族民主运动的领导力量，呈现为五种类型：以中国为代表的无产阶级领导的新民主主义革命，以土耳其为代表的民族资产阶级领导的凯末尔革命，以尼加拉瓜为代表的小资产阶级桑地诺领导的抗美独立战争，以阿富汗为代表的爱国封建主领导的独立战争，以摩洛哥为代表的里夫部落酋长领导的独立战争。我在 1999 年出版的《第三世界的历史进程》一书中增加了一个类型，即宗教人士领导的民族民主运动，如刚果的西蒙·基班古领导的"黑人基督"王国运动。

其四，东方国家地域辽阔、民族众多，社会、政治、经济和文化都发展不平衡。同时，在进行历史的、具体的考察中，不同地区的特点又反映了许多同一性。这一时期亚非拉地区的现代化改革，可以从地域性特征的角度划分为三大类型，即土耳其、阿富汗、伊朗和沙特阿拉伯的中东类型，其中北层三国的共同特征表现在现代化是以世俗化为中心的改革运动；埃及、摩洛哥和埃塞俄比亚的北非类型，三国均在缺乏和平的国内外环境的情况下进行了巩固国家主权、推进社会政治发展的改革；墨西哥的拉丁美洲类型，具有深入性和民主性的特点。

其五，亚非拉民族主义思潮是一种反对殖民主义，反对帝国主义，争取建立独立的民族国家和发展民族经济的进步思潮。两次世界大战之间亚非拉的民族主义思潮可以区分为三大类型，即孙中山的革命民主型、甘地的宗教道德型和凯末尔的世俗改革型。《第三世界的历史进程》一书将其他重要的民族主义思潮如苏加诺的平衡综合型民族主义、胡斯里的阿拉伯民族型民族主义、杜波依斯的泛非型民族主义和拉丁美洲的大陆民族型民族主义列入其中，共包括了七个类型。总之，两次大战之间亚洲、非洲和拉丁美洲这些复杂性和整体性的发展，集中表现了承上启下的转折阶段的历史性特征。

我在《东方民族主义思潮》一书中，以地域为框架，以代表人物为线索，从政治文化的角度对东方民族主义思潮进行探讨。该书的主要特点是：从民族主义与东方政治文化的交汇点上考察思潮，指出民族主义思潮也是盛行的政治信仰、情感、思维方式和价值观，是 20 世纪东方政治文化的重要组成部分；在世界历史范围中考察东方民族主义思潮的意义，指出东方民族主义及其构建的东方民族国家体系构成 20 世纪世界三大思潮和国家体系之一；从传统和现代化的关系上探讨东方各种民族主义在理论与实践上的得失；从分析思潮矛盾入手,发掘深层的理论内涵;在方法论上除继续运用整体研究之外,大量使用了比较方法。该书于 1995 年获得教育部颁发的人文社会科学优秀成果二等奖。

访谈人:您在中东史研究方面的成果已成为该领域的奠基之作,请您介绍代表性成果的主要观点、研究特色以及研究心得。

彭树智:回顾书路旅途,呈现在眼前的首先是有关中东地区一长串系列书文目录。这不同类型的书文,象征着个体学术生命和群体学术生命一路远行的路标。其中,主要的成果就是两本全国研究生教学用书,即《阿拉伯国家史》(高等教育出版社 2002 年版)和《二十世纪中东史》(高等教育出版社 2002 年版),以及十三卷《中东国家通史》(商务印书馆 2000 – 2007 年)和《中东史》(人民出版社 2010 年版)。这些成果前后相继,基本上体现了我对中东史研究的学术路径。

《阿拉伯国家史》是一本中东阿拉伯地区通史,它在史学观上是以文明交往论为核心理论,通过研究阿拉伯民族从古到今的历史进程,反映阿拉伯世界的形成,并从中探讨其发展轨迹、特点和规律性。具体来说,书中贯穿了三种观点:第一,全局与局部结合,即从阿拉伯世界的全局考察该地区各国的社会历史进程,同时又以各国的特殊运动风貌丰富阿拉伯世界的历史内容。第二,纵向发展与横向发展相结合,即以阿拉伯世界各国由原始社会、奴隶社会、封建社会、殖民地半殖民地社会和资本主义社会的发展为经线,以阿拉伯世界各地区(北非、阿拉伯半岛、新月地带)及各国之间政治、经济、文化的联系和交往为纬线,纵横结合,经纬交织。第三,整体性和特殊性相结合,既力图反映今日整体的阿拉伯世界的全貌,又反映在形成、发展进程中各阶段的特殊性。

《二十世纪中东史》是一部中东地区断代史。该书采用新的"世纪地区史"的框架,从整体上看待中东地区,运用整体观和联系观解剖中东地区 20世纪社会变化的横断面。此外,该书将 20 世纪的中东史划分为战前、战后两大时期,以及中东的觉醒、两次世界大战之间、第二次世界大战时期、二战后初期、动荡时期和中东面临新挑战时期等六个小阶段。另外也运用了类型方法,分析了民族独立运动中的世俗化与政教合一,现代化改革的世俗化与非世俗化,以及战后政治中的共和制与君主制等不同类型。同时,该书注重探讨中东地区民族国家体系的形成,这是 20 世纪重要的历史性现象。最后,还深入研究了中东的社会变革和社会生活。本书分析了深层面的社会生活,涉及人口、家庭、城市、妇女、建筑、衣食住行、婚丧嫁娶、节日风尚、文体娱乐,特别是价值观念等层面,从而把社会生活史回归给历史,全方位、多层次地提供了一个 20 世纪中东社会演变的全景图。

长期以来,在我国图书馆书架上,没有我国学者撰写的中东国家通史。从 1987 年开始,我就着手组织人力,于 1993 年出版了《阿富汗史》。在此基础上,2000—2007 年,商务印书馆陆续出版了我主编的《中东国家通史》。这是一部包括十三卷本的中东地区国别史,共 400 多万字,每卷由一个国家或国家群所组成,包括《阿富汗卷》《沙特阿拉伯卷》《以色列卷》《伊拉克卷》《也门卷》《伊朗卷》《叙利亚和黎巴嫩卷》《土耳其卷》《埃及卷》《约旦卷》《巴勒斯坦卷》《塞浦路斯卷》和《海湾五国卷》。《中东国家通史》依照通史体例来把握中东地区的整体面貌,各卷自成一体,但又互为联系。各卷采用历史叙述方式,由古及今地阐明各国历史变迁的过程、特征和规律。同时,注重历史与现实之间的双向考察与反思,从现实出发,追溯历史,再从历史高度审视现实,从而达到"关照现实"与"反思历史"的一致性。各卷对各国的社会、政治、军事、经济、教育、学术、艺术、科技、地缘环境等方面进行了全方位、多层次的扫描,并以专章探讨了相关国家与中国的关系。本书可以说是我运用文明交往观分析历史的深入探索,尤其是在"卷首叙意"和每卷的"后记"中,着重阐明了这一点。《中东国家通史》是西北大学"211"工程的标志性成果,也是第一部由中国学者撰写的中东各国的通史性著作。2009 年,这套丛书获得教育部人文社会科学研究优秀成果二等奖。

值得一提的是人民出版社 2010 年出版的《中东史》,是一部中东地区通史,它既是对前面成果的继承传承、借鉴和总结,也贯通着近年来我对文明交往论的思考。该书的特色主要有如下几方面。第一,以"大历史"的视角审视中东史,从中东史反思"大历史"。"大历史"是自然史与人类史,两者相互制约。中东的地理和自然特点决定了中东人的物质生产活动、社会结构形态以及政治、精神的生活方式。同时,中东地区处于亚欧非的交界处,此种地理环境极易受外来文化的影响。第二,《中东史》实际上是一部中东地区的文明交往史,是从人类不同文明之间和相同文明之间的交往历史逻辑阐述中东的历史。把中东史和人类文明兴衰紧密联系在一起,用历史体悟借鉴现实实践,其中所遵循的是文明交往到文明自觉的思想轨迹。第三,"世界史"是衡量中东地区最主要的尺度之一。在人类文明交往进入世界性的普遍交往过程中,中东地区被卷入世界资本主义和殖民体系,中东的近代史就是民族主义思潮、民族主义运动和民族独立国家的建立过程。中东的当代史时期,是殖民体系崩溃、民族独立国家体系形成和现代化的文明交往历史的新时期。

我深感对于中东史的研究首先要回归史学本体,也要具有问题意识。史学研究没有史料、史实不行,掌握典型材料、基本事实永远是史学研究的起点和基础。但是史学研究必须有问题,问题是研究的先导,无问题就陷入史料与史实的海洋之中。从丰富史料研究中提炼文明交往的实质与规律性问题是研究中东的路径。史实为基,史论为魂,史趣为美,集三者大成为一个历史整体形态,最为理想。

研究中东史要追溯历史,审视现实,关注未来。历史—现实—将来是一个整体,三者有密切的联系。贯穿三者的中枢是理论思维。人类文明交往的治史之思,在于对热点地区、热点问题持具体而细致的冷思考,在于把历史经验与现状发展的深度结合起来,在回顾与前瞻的历史思绪中寻找答案。

最后,从文明交往研究世界史有助于创建中国化的世界史与历史研究的学术个性。历史上不存在一个超越国别民族性史学的"普世立场"。启蒙神话中的"世界文学",当今的"全球史学"和"文化形态史学"中都包含着西方中心主义的霸权思想因素。然而,历史学者却一直在追求世界史、全球史的探索。中东这个"东西方之间"的枢纽地区历史的系列研究,它的多种文明交往历史轨迹和现实的乱局,都在启示着我对人类文明交往规律的思考。"交往",在哲学上就是"联系";在经济、政治、社会意义上就是"关系"。"交往""联系""关系"等历史哲学观念之所以重要,就是因为它们从"跨文化""跨文明"的互动"公共空间"来研究世界历史问题。尽管弱势文明国家势单力薄,但也在某种程度上参与构建世界文明。总之,中东学科的理论体系与学术框架在于文明的交往与比较。交往比较之中有多样性统一,相互作用形态的、互动的世界史新结构。

访谈人:您在世界史尤其是中东史研究的基础上,创造性地提出了文明交往理论,出版了《文明交往论》《书路鸿踪录》和《松榆斋百记》等一系列相关论著,在我国世界史学界产生了重大影响。文明交往论也被视为中国世界史研究理论体系的三大史观之一和"中国世界史学界 20 多年来的进步和成熟的标志"①。请问是什么原因促使您探索这一新的领域?

彭树智:早在 1986 年讨论《世界史》(六卷本)教材编写时,吴于廑先生就把生产力和社会交往称之为"世界历史纵向发展和横向发展",他最早提出马克思和恩格斯关于生产力和交往问题的论述对研究世界史的意义。我也是从那时起,多次阅读了《德意志意识形态》《自然辩证法》和《历史学笔记》等著作。我体会到,马克思、恩格斯正是从"一切冲突,都根源于生产力和交往形式之间的矛盾"出发,从历史转变为世界历史的高度,阐明了唯物史观。

于是,我先考虑人类文明史,接着考虑文明交往史。我想,从这个理论角度研究世界史也许更能反映经典作家所说的世界史的"世界历史性"。因为"世界历史性"表达的是"全球化"的实质内容,其根本特征是"以生产力的普遍发展和与此相联系的世界交往为前提的"。我之所以强调交往在文明史中的地位,是因为交往在人类文明生成和演进中起着决定性作用。例如,"在某一地方创造出来的生产力,特别是发明,在往后的发展中是否失传,完全取决于交往扩展情况",而"只有当交往成为世界交往并且以大工业为基础的时候,只有当一切民族都卷入竞争斗争的时候,保存已创造出来的生产力才有了保证"。其实,生产力是人与自然、人与社会的交往互动作用,也属于广义上的交往活动,也是人类物质、精神、制度、生态文明的交往范围。此后,我在世界史、中东史、东西方文明关系史的探讨中,形成并检验了我的文明交往论,也结合当代世界各种文明交往关系,思考文明对话在互动交往规律中的作用问题。

我也研究了一些文明、文化理论和文明史著作,感到许多作者对"文明交往"问题有不同程度的忽视。即使谈"交往行为理论"的哈贝马斯,也只强调语言而忽视社会生产和交往在塑造社会结构、社会制度、社会关系、社会意识和社会生活等五个形态上的决定性作用,他只注意某个社会内部主体间的对话,而"没有重视在全球化背景下的文明间的对话问题"(《文明交往论》)。

---

① 李学勤、王斯德主编:《中国高校哲学社会科学发展报告(1978 – 2008)》,广西师范大学出版社 2008 年版,第 272 页。

后来,从苏联思想家巴赫金(Bakhtin)的"大对话"哲学中,我看到了文明对话所包含的互动、互补、互证的双向和多向交往特征:主体之间的相互尊重;他人与自己完全平等;"自我"与"他者"互相依存;放弃对话霸权和唯我独尊。实际上,巴赫金用"自我"和"他者""自我认同"和"互相认同"来确定文明对话的关系。他的对话理论完全适用于人类文明交往,因而是一种理想的人类交往模式。

对我印象最深的是以色列"对话主义"哲学家马丁·布伯(Martin Buber)的社会本体交往论。这种理论中的主体间性、直接性和交互性,昭示了互为前提、互相依存的人类互动交往的本质联系,为当代人类文明交往活动的伦理与政治秩序建设,提供了有益的理论思考。从漫长而激烈的阿拉伯和犹太两大民族冲突过程中,布伯交往理论的出现,反映了中东和平进程中人类文明交往水平的提高、智慧的增长和理性因素的增强,因此我在《中东国家通史·以色列卷》编后记中,用了较大的篇幅来评述它的意义。继布伯之后,伊朗前总统哈塔米又有"不同文明之间对话"的倡议。这也说明了文明对话是消除对抗冲突、破除隔阂壁垒和走向国内和谐、国际和平的必由之路。在《中东国家通史·伊朗卷》编后记中,我用下面的话作为结语:"对话浪潮是大势所趋。二十一世纪文明交往的新时代曙光已经出现了"。

我的文明交往论的基础是世界文明交往史,而不是单纯的历史哲学。纯粹的历史哲学家往往是走极端的,否则就很难独成一派。实际上有建树的历史哲学家如汤因比等人,都是以历史个案史例为基础,充分注意具体问题具体分析这一思维方式,把宏观研究与中观、微观研究有机统一起来。理论只有回归历史,才可以获得文明自觉。

访谈人:近年来,您在文明交往论的基础上又在《两斋文明自觉论随笔》《我的文明观》《老学日历》等著作中,提出了文明自觉论。您的文明交往自觉论的主要观点和特色是什么?

彭树智:我从文明交往深化为文明自觉是源于思维发展的逻辑,也是在学习人类历史过程中,逐步深入思考的结果。把文明交往作为一个整体思维方式,放在历史中思考人类面临的问题;把文明交往作为一个关注人类共同利益的价值观,以超越民族、国家的地域性局限。这是思维方式和价值观念的转变,这是思考历史自觉的轨迹。中东当今动荡不已的政治现实,使我的思路多次追溯历史。我越来越从历史发展中察觉到:中东问题的老、大、难,中东问题的希望,都在文明交往的自觉。具体说,在《阿拉伯国家史》的修订过程中,我探讨了20世纪阿拉伯世界与外部文明在交往方面涌现的人文社会科学清新潮流。对文明交往的新现象有如下思考:这是一股和阿拉伯世界内部相辉映的、有深厚文史哲根基并吸取西方文明的侨民文化。其代表人物美籍巴勒斯坦裔文化学者爱德华·萨义德,关心伊斯兰文明的发展,然而他和印度诺贝尔文学奖得主奈保尔一样,对自己本民族文明的前途不持乐观态度。伊斯兰文明的复兴力量,从根本上说,决定于民族内部的经济发展程度,自然这后面还有深远的历史文化道理。文明交往的自觉性,是古老文明复兴的精神力量。可见,一种文明的生命力最根本在于内在生长"定力"和适应新生存环境变化而复兴和创造新文化的交往力。总之,《阿拉伯国家史》的修订使我从文明交往的思考进入了文明交往自觉的思考。

这种思考也与《二十世纪中东史》《世界史·当代卷》和《中东国家通史》等书的编写过程结合在一起,这种历史和逻辑思维的发展,使我从中东历史和世界历史的变动中更加深深感到,文明的生命在交往,交往的价值在文明,文明交往的真谛在于人类人文精神和人文理性的自觉。特别是,《中东国家通史》对我的文明交往的历史观念进行了一次历史性的检验。在该丛书的"卷首叙意"中,我提出了"文明交往论是文明自觉论"的命题:文明交往的特点是由自发性向自觉性的演进,在趋向上日渐摆脱野蛮而逐步文明化,在活动程度上从自在走向自为,在活动范围上由民族、国家、地区走向世界,在交往基础上从情绪化走向理性化;在人际关系、族际关系、(宗)教际关系和国际关系领域中,由对立、对抗的"我"走向对话和合作的"我"。此外,每卷的后记都是我思考人类文明交往的历史观念的论文。这个命题经过《中东史》《两斋文明自觉论随笔》《我的文明观》和《老学日历》而进入一个新的思考阶段。

我深深感到:人类历史本身就是文明交往的历史,由此形成了我的历史观念,即人类的历史交往、文明交往和文明自觉的逻辑思维路线。人类文明的自觉,不仅在中东文明交往过程中提升,而且文明自觉实质上就是文明交往的自觉,是人类交往的文明化。这种自觉,是人类用自身的精神觉醒观察世界历史,是人类用自身的文明开启蒙昧和野蛮,是追寻人类文明交往中的盛衰与复兴,是人类在文明交往中不断摆脱新的枷锁而获得思想解放,是人类在实践中提高社会进步和文明程度的升华。文明自觉,是以文化思想自觉为核心,以文明交往自觉活动为主线的人类创造历史的理论和实践活动。文明自觉论可称为文明交往自觉论,其要点可简略概括为相互区别、相互联系又递进演进的九个方面:

一个中轴律,人类文明交往互动的辩证规律。交往互动是矛盾对立与统一的辩证形态和矛盾辩证运动过程。在文明交往过程中,文明对抗、冲突和文明共处、同进是文明交往互动中两种对立又相互渗透转化形式。认识和把握交往互动规律的自觉性表现为:在深刻的矛盾对立中把握文明交往互动,把对抗、冲突和共处、同进统一于历史选择的相融点上,使之在这个中轴律上良性和平衡运转。

两类经纬线,人类文明交往互动的经线为相同文明之内的相互融合,纬线为不同文明之间的相互交流。文明之间的交往互动首先取决于各个文明内部交往互动发展程度;同时,每个文明的整体内部结构,也都取决于它的生产以及内部和外部文明交往发展的程度。这种内外关系的经纬线多重交织,在人类生产、生活、生存、发展中织成了文明交往史的多彩长卷,从而使人类在回应全球文明化的整体性、联系性问题中获得自觉。

三角形主题,人类文明交往互动围绕着人与自然、人与社会、人与自我身心这三大主题的三角形路线进行。三角形的底线为人与自然之间的交往互动,三角形的两边为人与社会和人与自我身心之间的交往活动。人类立足于整体存在的底线上,自觉性表现为:对自然交往认知上有"知物之明",对社会交往认知上有"知人之明",对自我身心交往认知上有"自知之明"。知而后明,明而后行,在实践中知,又以知导行。

四边形层面,人类文明的互动交往包括物质文明、精神文明、制度文明和生态文明四个层面的无数相互交错的力量,这些力量的作用与反作用推动着历史事件的产生。这种多元的交往力制约着各个人的意志,使其以融合的总平均结果,出现于人类文明交往的每一阶段的历史结局上。文明交往的自觉性表现为人的集体理性追求的自利与利他、权利与责任相统一的社会制度建构上。

五种社会交往形态,人类文明交往史上有五种社会交往形态,即社会结构、社会制度、社会关系、社会意识和社会生活。从根本上说,文明是社会性的,它是由生产和交往实践所决定的历史社会形态。五种社会交往形态中,社会结构为基础,社会制度是文明的本质所在,正是社会制度构成了各种社会内在的体制形态。社会关系是人类本质属性之间的联系,而社会生活是文明交往的基本前提和首要的历史活动。

六条交往力网络,人类文明交往的驱动力是与生产力相伴随的交往力,二者又是历史传统的积累和现实体躯的创造力。这六条交往力是:精神觉醒力、思想启蒙力、信仰穿透力、经贸沟通力、政治权制力和科技推动力。这六种交往力产生于物质、精神、制度和生态文明,从不同角度、不同领域的交往互动作用过程中,形成了思想解放、文明自觉的文明开放的多点、多线相互联系信息网络。

七对交往概念,一切社会变革都必然深化为哲学思考,而哲学则具有创造概念的特点。文明交往的自觉是哲学的自觉,其概念有七对:传承与传播、善择与择善、了解与理解、对话与对抗、冲突与和解、包容与排斥、适度与极端。其中传承为文明内部发展之脉,传播为文明外部交往之路,选择是文明交往之键,理解的前提是尊重对方,极端为文明交往随时所应预防的危险倾向。

八项变化,文明交往的世界是变化的世界,它通之于变,成之于明,归之于化。人类文明交往是变动化的实践活动,变化变通的要旨在"化"。文而"化"之为文化,文而明之为文明,但只有"化"才能明,才能使文明交往互动走向深化和自觉。变化的要义有八:教化、涵化、内化、外化、同化、转化、异化、人化。《易·系辞》所讲的"穷神知化"也是指"化"因时、因地、因人而变。

九何而问,人类文明交往的自觉在于问题意识的引导,它引导人们自觉地发现、提出、分析和解决问题。这些问题可归纳为"九何":何时? 何地? 何人? 何事? 何故? 何果? 何类? 何向? 何为? "九何"的"九",意指数之极,言问题多而求索不止,并非限于"九"而止步。获得自觉的周期律是:从问题始,以问题终,一个问题总在引发另一个问题,问疑不息,由一个思维周期,上升到更新周期。学问,学问,无问难成学。文明交往之学是人类文明交往互动大道,而"九何"旨在自觉认识到自我理解和实践上的局限性。

总之,全球化时代的文明交往和文明自觉,具有十分丰富的内容和宽广的研究空间。以上概括仅仅是我从历史研究,特别是从中东史研究中思考的初步心得。一得之见,谨供学界同行讨论,以共同提高学术研究的自觉性。

三　树人启智辟新路

访谈人:您在我国中东研究的学科建设作出了重要贡献。您认为"文明自觉具体化到科学研究上,可称之为'学术生命的自觉'"。请您结合"学术生命自觉"谈谈对我国中东研究的建议和想法。

彭树智:我最为关心的是我国中东学科建设问题。在2003年的《书路鸿踪录》书前的《雪泥鸿爪存,披览前踪在》的序中说:"唯学人求知和创新的自觉,在促进学术年龄期的耕耘,以期有益于社会。"在同书后的《雁别蓝天去,山迎白云归》的跋中进一步指出:"科学研究是人类思维建造、改造、创造世界的生命活动","是人类文明交往史上的特殊生命活动","是求真中的理性自觉,特别是在文明交往中的人生自觉"。以上两句话是我由文明交往问题探研深入到文明自觉问题的两次明确表述。现在,在回顾学术之旅之时,在思考学术生命成长的心灵收获这样复杂的问题上,我的思路仍然集中在"文明自觉"这个问题上。文明自觉具体深化到科学研究方面,也是一个"学术生命自觉"的命题。在2010年出版的《中东史》这本体现人类文明交往历史观念的著作中,我将其要点归纳为如下:

1.学术生命的自觉始于对科学研究生长点的选择和坚守。学者为学,以学术为生命,首先要将自我的生命同研究的对象相结合,并且必须落实到一个有开拓性的科学研究生长点上。选择好了生长点,还要坚守生长点,与研究对象熔于一炉,你中有我,我中有你,在学术生命的持续活动中,生根、长叶、开花、结果,由点到线、由线到面,表现出生机和实力。

2.学术生命的自觉壮大于科研群体的成长。个体学术生命活动的自觉可以在科研生长点上创造成果。如果把个体学术生命融入群体学术生命之中,为了共同目的,同心协力,完成重大项目,那将是更理想的选择。个体学术生命的活动力毕竟是有限的。每一项重大的科研成果,后面必然是学术带头人引领下科研群体分工合作的结果。

3.学术生命的自觉定位于本学科的建设上。学科建设是一种学术史思考见于本学科的自觉活动。任何一项科学研究都不是孤立的,都有其学术史上的定位和本学科建设的定位。学者的每项科学研究项目只有从学术史定向中察其走向、从学科建设的定位中作出贡献,才能赋予学术生命的地位和意义。

4. 学术生命的自觉植根于学派意识的觉醒。这种觉醒的推动力是独立、自由的科学思想和实践。这种觉醒促进了学派建设的自觉性。不同学派是学术主体性的表现,是学术史上的常态。学派有师承关系,是一个研究群体,一代又一代志同道合者在一个又一个重大学术成果和学派理论创造过程中自觉形成的。

5. 学术生命的自觉栖息于爱、好、乐的人文精神境界之中。对研究对象在理解基础上的"爱"、专注偏爱的"好"和审美情趣的"乐",这是学术生命自觉递进上升的三种境界,它受科学的求真、向善和爱美规律的制约。爱而深思,常使学者头脑中涌动着学术思维波澜;好而成癖,没有比学术研究更为学者着迷的事;乐以审美,自然会使学术客体产生意外的生命创造。生活在爱、好、乐境界的学人,生命创造力之门经常是敞开的。

6. 学术生命自觉的座右铭和箴言。铭为:坐得住,沉下来,静下心,不浅尝辄止,要深入问题,对学术充满理解感、使命感,坚定不移走自己的路。我有一句人生箴言:知足知不足,有为有不为。这十字箴言可具体为:尽力知足,尽心知足,尽责知足;学习知不足,学思知不足,学问知不足;为真求知,为善从事,为美养心;不为名缰,不为利锁,不为位困。

访谈人:您在教育、教学中具有丰富的经验,数十年来培养了将近70名中东研究领域的硕士、博士和博士后,他们很大部分已成为我国中东研究的骨干力量。请分享一下您在人才培养上的心得?您对学界同仁,尤其是青年学者和学生在学术研究中有什么建议?

彭树智:我从1978年开始招收硕士研究生,1986年开始招收博士研究生,在30多年来的培养研究生过程中,对人才培养和治学多了些经验和理性,对学术的规律性和治学者主观能动性之间的关系,积累了一些体悟。

首先,学术的要旨在学,学贵勤奋而立。勤奋,是勤劳奋进,它具有巨大的、锲而不舍的人格力量。学术是人类文明的事业。勤奋是人生敬业的本色。韩愈《进学解》云:"业精于勤而荒于嬉,行成于思而毁于随。"学术史昭示,只有脚踏实地、不懈追求真理、上下求索的人,才能深刻领悟到勤奋的力量。在中华文明中,勤奋劳动是优秀的品德。人勤地不懒,勤劳创造着物质文明和精神文明。天道励志,所以要志存高远;人道励勤,所以要立地实干。《孙子·计篇》云:"将者,智、信、仁、勇、严也。"可以把这句话转义于治学:学者,勤、严、实、新、协也。学者从勤奋开始,把严谨、求实、创新、协作贯通为一体,组成治学的坚定、坚韧和坚守的巨大力量。

其次,是自圆其说和自得之见。勤学是学者治学的基本劳动实践。它需要勤读、勤问、勤思、勤写、勤交流,切磋探研,取长补短;它需要学者常怀坚持真理之态,常存修正错误之心。使自得独创之见能自圆其说。学术上有不同声音和争论,这是正常现象,否定和超越是恒常规律。正如英国哲学家罗素所言:"不能自圆其说的哲学,绝对不会完全正确;但能自圆其说的哲学,很可能是完全错误的。最富有成果的各派哲学,向来也包含着明显的自相矛盾,然而正因为如此,才部分正确!"这正是治学者的自觉之言。这正是我在一开始说的赵翼"学语苦难圆"的困惑所在,也是学者勤劳耕耘、孜孜以求的乐趣和动力所在。

也正是因为如此,学人要学而时习之,学术生命不止,学习不止,要活到老,学到老。学如逆水行舟,不进则退。勤学与善学,久而久之,成为习惯,从而由爱学、好学、乐学而升华为勤劳奋进的诗意生存的审美人生境界。我认为,勤奋自立而获得的独创之见,在于有独特的学术个性,而不能"邯郸学步"。《庄子·秋水》中说:"且子独不闻夫寿陵余子之学行于邯郸欤?未得国能,又失其故行矣,直匍匐而归耳!"寿陵,燕国城邑;邯郸,赵国都城。寿陵有位叫余子的人,到邯郸去学赵国的"国能"——走步(可能是一种健身的养生体操)。由于他不善学习,一味亦步亦趋地模仿而不思创造,因此,不但没有学到此种新的走步技艺,而且忘掉了原来行走的步法。最后他连正常的走路都不会了,是爬着(匍匐)回去的。这个寓言启示我们,一切唯书、唯上、跟风、流俗、食洋不化、泥古不进,都是学习上的僵化之路。

再次,我培养研究生,着力于科研意识、科研基本功、科研生长点和科研成果四个方面,其中选择科研生长点属科研人员的长远发展方向,在科研规律中占突出地位。生长点必须在硕士研究生阶段确定,并在加强科研意识和训练科研基本功(如写各种作业、完成各种课程,写作论文,特别是撰写学位论文)的过程中,初步体现为系列的科研成果和培养科研能力。人的一生都在选择中,但能坚持却是最可贵的。

学术研究不可无问题意识。问题意识是学术研究的前导力。发现问题,提出问题,分析问题和解决问题,组成了学术研究的思维逻辑和行为的中轴线。问题意识从广义上讲,是产生于对时代、经济、文化、宗教、风俗、民情等各方面的情感体验以及这些体验对学人研究的问题影响。鲜明的问题意识,其实是很复杂的,它不仅有大有小,而且有真有伪;它可以使学术研究焕发勃勃生机,又可导致学术研究混乱。问题意识关键是大方向要正确,在行程要思路清晰,并掌握适度。

在适度上我还想多说几句。问题意识仅靠掌握了一些理论词句、名词、概念和套用技巧,就可以提出"真问题"吗? 单纯的理论训练、脱离了历史的洞察和现状的体悟,就能培养"问题意识"吗? 把理论当作教条来套用历史和现状问题、把贩卖西方理论用来解释东方本土问题,能有好的效果吗? 问题意识可以"预先设计"、可以据此来裁剪史实、可以削足适履、建构定型的"理论模式"吗?

答案当然是否定的。实践的"情感体验"是正确理解问题意识的要害处,仍如我说的在于"适度"。为什么? 因为,问题意识关注的是人的主体,关注的是人文精神,关注的是由人本性体现的情感及其历练的灵性、悟性和韧性。人的主体性、人文主义精神总是动态的而非静止的,是活态的而非机械的,是丰富的而非单调的。然而,情感体验、想象力固然重要,但它毕竟是概念和知识形成过程的初级阶段,这个认识的最低层次必不可缺,不过它需要从具体的特殊认识,上升到一般的抽象认识,在实践中从感性认识上升到理性认识。

复次,处理好"通"与"专"的关系。治学者其上乘是将细微考证与宏大综括融会贯通,合为一体,称为精通。博通属"识"的范畴,意味着视野广阔、思想深刻、高瞻远瞩。通很关键,博未必通,而通则必须博。治学的自觉性大小在于通博基础上的专深程度。稍做具体而论,即如佛教学者楼宇烈提出的"四通":文史哲通、儒释道通、古今通、中西通。他认为,"四通"才能"八达",治学眼界才能开阔,学者不能把自己封闭在一个狭小的圈子里。我注重通的学术性。以历史学而言,不在史事,而在史学;不在史政,而在史学价值;不在史叙,而在史论。

专精属"学"的范围,意味着内容扎实、考证精详、术业专攻。就史学而言，要求在"专"的基础上汇通：一是治史者个人先有窄而专的研究专题，成为某学科之专长，其特点是专而深；二是集各专家的研究成果，加以综合缀连，其特点是横而广。通，贯穿着时代精神；通，关注着时代问题，因而必须有贯通时代的精神。时代的变迁，世事的舛变，感悟系之，行诸文字，所谓通识眼力，就成为通观历史观念的灵感源头。

最后，学人要具有雅量，学人之间，学派之间，需要雅风。学术之间的差异需要仁爱之道加以融通。仁爱之道是承认人的尊严，它把差异视为丰富人性交往互动的机遇。互惠性价值是一种学习互进的能力，要以真诚对待"他者"。相互欣赏、相互理解。信任是互重、互容和学术对话的前提。

史学家们有不同见解、不同文风、不同体裁，都属正常而且为文明交往所必须。没有这些差异，史家便失去学术自觉，史学便失去活力。学派之间要有容人雅量之风。不同学派之间的交往应该是并生竞长，共求真善美。学派之间虽不免优胜劣汰，但绝非不共戴天。

访谈人：您独特的学术经历和见解一定对从事中东问题、世界史研究的青年学者大有裨益。最后，请总结一下您的治学理念，作为这次访谈的结束语。谢谢您花费这么多的精力和时间接受访谈。

彭树智：现在，坐八（八十五岁）望九（九十岁）的我，还正在行走于学术人生的旅途上。正在路上的我，长途跋涉磨炼了五方面的治学理念，激励自己不懈行进。现在提出来，供青年同行们参考。这就是我在《中东史》后记中所写的：

第一，专心致志。即如马克思所说：走自己的路，任别人去说吧！

第二，崇实致真。手在近处，心怀远境，屈原有歌：路漫漫其修远兮，吾将上下而求索。

第三，固本致新。物我交往，诗意治学，张载《咏芭蕉》诗云：芭蕉心尽展新枝，新卷新心暗已随。愿学新心养心德，长随新叶起新知。

第四，宁静致远。可以用宋代名将宗泽的《早发》诗来表达：伞帷垂垂马踏沙，山高水远路多花。眼前形势胸中策，徐徐缓行静勿哗。

第五，坚毅致强。用我自己一首诗来叙说韧性治学真意：治学之路是活的/只要坚硬的脚跟坚定/这条路就有生命。/路/没有绝境。/路/不怕坎坷曲径。路/不管风雪雨晴。/脚/无畏无惧地选择方向/纵使误入隧洞/走出

来/将是一片光明!/

跋语:书路漫漫,且吟且行。相思不尽,栖而不息。薪火相传,求真善美。成书千古事,得失寸心知。

从陕西走向世界史研究

——西北大学教授、中国中东学科创始人彭树智访谈录①

【编者按】省委十三届二次全会提出,要发挥和用好陕西综合交通重要枢纽和对外开放重要门户的优势,以发展枢纽经济、门户经济、流动经济为突破口,打造陆海内外联动的重要节点、东西双向开放的重要门户,使对外开放成为新时代追赶超越的陕西发展新优势。从地理看,陕西不沿边、不靠海,作为内陆省份,何以实现上述突破? 彭树智教授"从陕西走向世界史研究"的访谈录,为我们认识这一问题提供了历史的借鉴。

彭树智,1931 年生于陕西泾阳。中共党员,西北大学资深教授、中东研究所名誉所长,著名的中国中东史和世界现代史专家,兼任中国中东学会副会长、中国世界现代史研究会名誉理事、中国亚非学会理事。1986 年国务院批准为博士生导师,同年获全国教育系统劳动模范和人民教师奖章。1991 年享受国务院有突出贡献专家特殊津贴。2013 年获陕西省首届社会科学名家称号。

近期,彭树智教授应约接受了本刊主编书面采访。

张世民:彭老师,您生在陕西泾阳,受教育于泾阳、三原、西安、北京、东北等地,由陕西走向世界史研究已有 70 余年。您能否谈谈自己的治学履历和学术源流?

彭树智:可以,我先谈谈这个问题。

我幼小时开始在泾阳私塾学习,塾师安谧中先生国学功底深厚,教我诵

---

① 本文连载于《陕西地方志》2018 年第 2—3 期。
　访谈者张世民,陕西省地方志办公室二级巡视员,《陕西地方志》主编。

读《三字经》《百家姓》《千字文》和《论语》等书。后来又在现代小学、高小师从刘德美先生、杨蔚英先生,对国文课特别感兴趣。之后,在三原县中、仪祉农业技校师从冯一航、李一琴二先生学习《古文观止》《唐诗三百首》等书,对古典文学兴趣更浓。及至考入陕西省立三原高中学习时,国文课成为我唯一爱上的课。国文老师张警吾和潘子实二位先生的谆谆教导、耳提面命,令我至今记忆犹新。他们为我细心讲解、指导读书、批改作业,并不时在课堂上宣读我的作文,用那密密的红笔点点圈圈我的习作,使我对古今文学兴趣更浓。

记得仪祉农业技校校长、大水利专家李仪祉之妹李蕣仪先生不幸罹难于车祸,学校为她举行了隆重的追悼会。张警吾先生在会上致悼词时,宣读了我用文言文写的习作。这是一篇经过他细心修改的小文章。他以《大公报》记者如椽手笔所斧正之后,可以说有情文并茂品味。当时与会的中央监察院院长于右任先生,会后找到了我,向张先生询问写作情况。作为一个中学生,我对这位大书法艺术家是一种仰视心态。当他知道我曾是仪祉农业技校学生时,用地道的关中话说:"弟子怀念,蕣仪飞翔,师生情谊,山高水长。"这位长髯过胸,身穿黑袍,脚着白布袜、灰布鞋的长者,给我留下了美好而深刻的印象。

我进入西北大学历史系完全出乎意外。我报考的志愿是中文系,却被历史系录取。潘子实老师到西大去劝我说,文史是不分家的,你入学后还可以多学点哲学,文史哲互通,学问就大了。果然,在大一时,就有王捷三先生给我们讲哲学课。他是北京大学哲学系毕业,科班出身,又做过陕西省教育厅厅长,讲起课来,居高临下,引人入胜。他学贯中西,例如讲西方以哲学为"爱智慧"之学时,就引用《书经》中"知人则哲"和《庄子》中"知士无思虑之变则不乐"等话,用以说明中国哲人知人思变之"乐",正与"西方的爱智慧"之"爱",在哲学上是相契合的。他常讲,哲学为"百科之帅",处事治学都离不开理论思维,这对我后来的治学思维、诗意治学,以至形成人类文明交往的历史观念,起了启蒙引领的作用。

我1950年进入西北大学历史系学习以后,发现学历史专业是正确的选择。新任的校长是马克思主义史学家侯外庐先生,他经常指导历史系的中国通史课教学工作。他给我印象最深的是关于寻找科学研究生长点的治学经验。他说,大学生一入学就要寻找适合自己的科学研究生长点。现在我还能记得他用山西口音说"生长点"时,那种强调韵味十足的声调。他并且说,这个"生长点"应该是有开拓性,有一系列课题可作,可以长期研究,要在这里生根、开花、结果。在他这个思路的引导下,我选择了世界史研究方向和印度近现代史中的民族独立运动课题,作为大学毕业论文,最后写成 20 万字的《印度民族解放运动史》。那是一本综合性的论文,是一次练笔之作。世界史教研室主任楼公凯教授给了 90 分的高分,是对我的鼓励。我正是拿着这本习作,到北京大学去见我的研究生导师周一良先生,周老师又带我去见东语系主任季羡林先生。他们共同指导我继续在这个生长点上做深入研究。

在北京大学攻读研究生亚洲史专业时,教育部为了在全国高校开设亚洲史专业基础课,聘请苏联专家瓦·巴·柯切托夫在东北师范大学举办了"远东及东南亚教师进修班"。周老师把我们四个亚洲史研究生送到这个班上学习,直到两年学完后回北大毕业。周老师给我们临行的话是:学好理论、学好专业、学好俄语。当时全国都在学习苏联,能跟苏联老师学亚洲史,是很幸运的事。柯切托夫老师是治学严谨、时间观念极强而又讲仪表的人,他说:"在这里听课的人,大部分是各高校的教师,只有四个北大研究生,我要按苏联培养研究生的办法,让你们写学位论文、进行答辩",并且为我定下了论文题目。我的论文题目是《1857 年印度大起义略论》。当时正值起义一百周年,我从西大、北大、东北师范大学收集了一些资料,柯切托夫老师又给了许多苏联资料,特别是马克思、恩格斯当时对此次起义的论述,为论文准备了较厚实基础。这次论文全文译成了俄文,以便柯切托夫老师审阅。他在答辩会上指出了论文的优缺点,并且亲切地引用俄罗斯民谚"奶酪好吃,烤一下更好吃"来鼓励我把论文修改好,争取早日发表。后来,论文经周一良、季羡林二位导师审阅后,发表在《北京大学学报》1957 年第 4 期上。

在东北师范大学随柯切托夫老师学习期间,还有一段插曲。那是 1957 年 5 月 11 日下午,柯切托夫老师走进课堂,放下讲义,两手扶着课桌,抬头看着我,笑着说:"彭树智同志,告诉你一个好消息,你在今天的《人民日报》上发表了《百年前印度人民起义的历史意义》的论文,可能你还没有看到。在讲课之前,我应该向你祝贺!这是你结业论文的一部分,公开发表,这是很好的社会效果。《人民日报》和苏联的《真理报》完全一样,都是共产党中央的机关报,能在这里发表文章,是一生的光荣!"我虽然文章在一个月以前就寄出去了,能不能发表心里没数,听到老师这样热情的话,有些突然,但也很高兴,一时不知说什么好,只是说"谢谢老师!这是我发表的第一篇学术论文,我永远记住老师的鼓励!"可能是这个原因,他选择了这篇论文为全班唯一一篇公开进行答辩的结业论文。后来回到北大,世界史研究生班的齐文颖师姐还谈起当时发生的一件事:1957 年 5 月 11 日那天,全班同学都在谈《人民日报》第二版发表我的文章和第三版发表世界史教研室主任杨人楩先生关于"历史学科不能没有世界史"的呼吁文章。她说:"那一天好像过节日一样,北大 19 楼(研究生宿舍)成了为世界史学科喜事而庆祝的会场。"

谈起学术源流,不能不提中国社会科学院的陈翰笙老师。他在印度工作过多年,有用英文写的印度社会问题专著。20 世纪 80 年代,他担任商务印书馆出版的《外国历史小丛书》主编,在给我的约稿信中说:"小丛书虽小,意义不小,不要轻看它,读者要比你的学生多得多。你是研究印度史的,应当写《印度革命活动家提拉克》和《阿富汗三次抗英战争》这两本书。"他治学严谨,从书名、内容、文字,都细心推敲,并且根据书中问题为我开了书目,让我到北京图书馆去查阅。他最讨厌治学浮夸的学者,讽刺为"墙头草""刺荆花""蛤蟆叫"。他和季羡林老师是教育部评审我提升教授的推荐人。后来他告诉我,他二人分别从世界史和印度史方面介绍我的情况。他是位有广阔胸怀而且乐于提携后学的学界长者,享年 107 岁。

在我的世界史治学履历中,最重要的学友当推首都师范大学资深教授齐世荣师兄。他是周一良和吴于廑先生主编的《世界史》工作资料编者。他以周先生为师,我是周先生的研究生,所以我们以师兄弟相待,并以"老齐""老彭"互称。改革开放以后,由吴于廑先生和齐世荣主编的六卷本《世界史》中,我担任了《当代卷》主编,并为《近代卷》上、下两卷、《现代卷》写了有关亚洲、非洲和拉丁美洲章节。吴先生对我说:"《世界史》六卷书中,只有你一人跨越了四卷,贯通了近代、现代和当代编写工作。"后来该书改版为四卷本,我仍跨越现代与当代两卷,齐世荣兄称:你的现代亚非拉史的类型分析为"独步之作"。回忆四十年前改革开放之时,我从陕西人民出版社出版《世界历史教程》开始,到参加高等教育出版社的吴齐本《世界史》,再到齐本《世界史》,真是一段不短的、由陕西走向全国世界史学术之林的路标历程。

张世民:您一手创办西北大学中东研究所,长期致力于中东史研究,著有

《中东国家通史》《中东史》等,已成为中东史研究的基础性著述。您在不同文明交往研究中有何心得?

彭树智:这个问题很有学术含量,我乐于作较详细的回答。这个问题具有思考性问题意识和自觉性历史意识。这个问题放在世界史研究之后提出,具有发展内在连续性,特别是你把中东研究和人类文明交往研究这两个问题联系在一起的整体性发问,很符合我的治学演进路径与治学的逻辑思维方式。

首先谈谈西北大学中东所的历史沿革。它的前身是1964年国家批准成立的第一批国际问题研究所之一,当时的所名叫“伊斯兰研究所”。国家为它确定的主要研究任务是苏联的中亚伊斯兰加盟共和国现状,也涉及中东地区的阿拉伯伊斯兰国家。限于当时的历史条件,特别是成立后不久的“文革”动荡年代,虽有一些外语人才,但很难谈上什么真正的研究工作。改革开放以后,伊斯兰研究所改名为“中东研究所”,但因研究方向不明、无研究特色和有分量成果,科研处有撤销它的打算。处长马家禄征求我的意见,我建议保留而加以改革,他就让我先兼任所长。后来我辞去文博学院院长,任中东研究所所长,便采取了三项措施:①提出“以问题为导向,从现状出发,追溯历史源流,站在历史的基点上,审视现状,进而展望未来”的研究思路与学术理念,以解决历史与现状关系问题;②倡导“勤奋、严谨、求实、创新、协作”学风,为建立中国气派的中东学科而努力;③制订规划、确定系列的大研究项目,一步一个脚印地发挥科研群体的合力,团结一致,努力尽责、尽力、尽心地做出创新性成果。这个目标终于逐步实现了。

其次谈谈我的中东研究与人类文明交往历史观念之间的联系。

进入中东研究领域,这是我世界史研究方向中,由印度生长点的“西向”延伸,其直接缘由是1979年12月27日苏联军队入侵阿富汗。这次事件引起了英美学术界的强烈反应,出版了许多书籍。可是西邻的隆隆炮声对我国学术界却一片寂然,似乎“西线无战事”一样。正在我焦虑之际,在《百科知识》杂志的编辑梁从诫学兄来信约稿,要我写一篇历史上阿富汗抗英战争的文章。他是我在北大研究生学习的同窗,当时在一次课堂讨论上,我引用过马克思《印度史编年稿》中关于1842年阿富汗人民抗英战争事件的论述。他想起此事而向我约稿。于是,我为该刊写了《1842年阿富汗抗英战争》一文后,又于1982年出版了《阿富汗三次抗英战争》一书。从此我由中东地区东部第一个国家阿富汗研究而逐渐进入整个中东地区研究领域。

中东地区是人类文明发祥地之一,世界四大古文明中,埃及和两河流域文明就在中东。人类早期的文明在这里生成聚散,东西方古老帝国文明在这里冲突融合。中东既有闪烁着阿拉伯伊斯兰帝国和奥斯曼帝国、波斯帝国文明的光辉,也有近代以来东方和西方文明强弱变动的不平等交往;既有当代中东民族独立国家体系的形成,又有现代化和全球化潮流的涌动。这个地处一河(苏伊士运河)、二洋(大西洋、印度洋)、三洲(亚洲、非洲、欧洲)、四峡(博斯普鲁斯海峡、达达尼尔海峡、曼德勒海峡、霍尔姆斯海峡)、五海(黑海、地中海、红海、阿拉伯海、里海)的沟通东西方纽带与十字路口,还是西方文明源头——"两希文明(希伯来文明、希腊文明)"中"希伯来文明"的产生地,也是世界三大宗教(犹太教、基督教、伊斯兰教)的发源地,更是当今世界矛盾集中的焦点之一。研究这个地区的历史和现状,关注它的未来走向,从大量变化不已的历史事实中,必然会抽象出理论思维的观点、观念来。我的人类文明交往历史观念的形成,正是伴随着世界史研究,特别是在中东研究生长点上成长思维所产生的思想理论成果。

我的治学理念是:置身须在高远处,精耕细作觅真知。我的治学路径是:在史论结合、论从史出的互动研究过程中,用两种精细化思维方法进行探讨求索人类文明交往自觉问题。

第一种精细化思维方法,是用不同层面分析的"平湖式"历史贯通方法,将自己研究的心得分别融汇入以下 11 种中东"史林丛书"之中:①《阿富汗三次抗英战争》(1982 年商务印书馆出版,民族独立战争史层面);②《现代民族主义运动史》(1987 年西北大学出版社出版,亚非拉美现代史层面);③《中东国家和中东问题》(1991 年河南大学出版社出版,通俗概述层面);④《东方民族主义思潮》(1991 年西北大学出版社初版,2013 年人民出版社二版,亚非政治文化思想史层面);⑤《阿拉伯国家简史》(1991 年福建人民出版社版,1999年修订二版,地区民族国家史层面);⑥《二十世纪中东史》(1992 年高等教育出版社版,2001 年再版,世纪断代史层面);⑦《阿富汗史》(1993,陕西旅游出版社版,国别专史层面);⑧《伊斯兰教与中东现代化过程》(1997 年西北大学出版社版,宗教文化与时代层面);⑨《阿拉伯国家史》(2002 年高等教育出版社版,中东国家群体史再考察层面);⑩《中东国家通史》13 卷(2000—2007 年

商务印书馆版,18 国中东通史总体层面);⑪《中东史》(2010 年人民出版社版,中东地区通史总体层面);

第二种精细化研究方法,是从不同深度考察的"掘井式"理论探索,将自己的探索心得写成以下形态不同的人类文明交往研究"六部曲":①《文明交往论》(2002 年陕西人民出版社版,由总论和一系列分论组成的合奏曲);②《书路鸿踪录》(2004 年三秦出版社版,雪泥鸿爪、山迎白云的真、善、美追求曲);③《松榆斋百记——人类文明交往散论》(2005 年西北大学出版社版,2003—2004 两年京隐散曲);④《两斋文明自觉论随笔》(2012 年中国社会科学出版社,3 卷本、137 万字的大型联动曲);⑤《我的文明观》(2013 年西北大学出版社版,文明交往观增订升级版的合奏新曲);⑥《老学日历》(2015 年中国社会科学出版社版,以"日历式文体"记录 2012 年的人生哲学普及大众曲)。

中东地区"史林丛书"的林涛,现在正在抚动着我案头修改的文明交往"诗意治学"第七部丝弦曲——《京隐集》。魏晋嵇康《酒会》诗中"但当体七弦,寄心在知己"的名句,也随之在我脑际耳边徘徊。唐代诗人韩偓《处士》诗中的"七弦琴畔白髭须",正好是我老态诗意清音的写照。回首过去我"平湖""掘井"劳作而往返于西安、北京两地岁月,那是一段漫长的历史思维与逻辑思维相统一的独立深思历程。我从中得出的结论是:中东问题是文明交往的自觉化。

我的文明交往的历史观念,渗透于上述著作中,其根本思路是从人类命运和世界历史视野观察中东地区的发展前途。人类最需要文明,人类也离不开交往,这是人们在日常生产、生活、生存的生命活动中所屡见不鲜的最基本事实。我所研究的不是一般谈论人类文明和交往问题,而是把二者有机统一为一个完整的、在文明交往自觉历史哲学视野下的文明观。对它最简单的概括是《文明交往论》总论开头语所说:"文明的生命在交往,交往的价值在文明。文明交往的真谛在于人类文明中所包含的人文精神实质。"如果还要补充一句,那就是:文明交往自觉,推动着人类历史的前进;人类历史是人类社会从自发走向自觉、由自在走向自为、从必然走向自由的文明交往史。

从根本意义上讲,文明交往的自觉是历史的自觉。人类文明交往是一种人类生存、生产、生活、生命活动中所产生的历史哲学观念。对它较为系统完整的总结,是我在 2011 年《史学理论研究》第 2 期上发表的《世界历史:人类文明交往的新的自觉时期》一文中所集中归纳的九条内容,其要点是:

一个中轴律:人类文明交往互动辩证规律;

两类经纬线:人类文明交往的经线为相同文明单位之内的相互融合,纬线为不同文明单位之间的相互交流;

三角形主题:人类文明交往互动,围绕着人与自然、人与社会、人的自我身心这三大主题的三角形路线进行;

四边形层面:人类文明交往包括物质文明、精神文明、制度文明和生态文明这四个基本层面,而制度文明又包括政治、经济、社会、文化等领域;

五种社会文明交往形态:人类文明交往史的交往形态分别为:社会结构、社会制度、社会关系、社会生活和社会意识;

六条交往力网络:这六条人类文明交往力包括精神觉醒力、思想启蒙力、信仰穿透力、经贸沟通力、政治权衡力和科技推进力;

七对交往概念:传承与传播、善择与择善、了解与理解、话语与对抗、冲突与和解、包容与排斥、适度与极端;

八项变化:人类文明交往通之于变,归之于化,成之于明,而变通要义有八:教化、涵化、内化、外化、同化、转化、异化、人化。

九何而问:人类文明交往的自觉化在于问题意识的引导,围绕着人类如何避免"交而恶",走向"交而通"的良性互动之问而归纳为"九何之问":何时? 何地? 何人? 何事? 何故? 何果? 何类? 何向? 何为?

总之,文明的进步来自文明单位自身内部的交往成长,也来自不同文明单位之间的开放交往。任何一个文明单位如果孤立自封,最终必然停滞萎缩;同样,任何一个文明单位在其他文明单位的交往中,都必须依托自身的文化,实行创造性的转化。正如马克思和恩格斯在《德意志意识形态》中所指出的:共产主义运动"推翻了一切旧的生产关系和交往关系的基础,并且破天荒第一次自觉把一切自发产生的前提,看作是先前世世代代的创造,消除这些前提的自发性,使它们受到联合起来的个人的支配"。这个论断有助于我们对人类文明交往自觉互动辩证规律的认识。

换一个角度,从知行合一的人类实践活动来认识这个历史观念,还可以读一下我在《人民日报》2015 年 6 月 11 日理论版"大家手笔"栏上发表的《人类文明交往的历史观念》。在这里,我有对自然、社会、自我身心知行之间交往"三知之明"的文明交往观的概括:"知物之明,知人之明,自知之明,交往自觉,全球文明。"这篇文章之所以从马克思恩格斯在《德意志意识形态》中的科学大历史观开题,以司马迁写《史记》的天人古今立言的大历史观收尾,就是旨在说明这个"文而明之"的道理:回归历史,获得自觉。

张世民:历史上的丝绸之路,大都以长安为起点。换句话说,今日西安地区在中西丝绸之路上具有非常重要的地位,您对此做何种认识或判断?杨良瑶被认为是一位由海上到达波斯湾的外交使节,您对此有何判断?

彭树智:你的问题中,两次提到"判断"一词。这使我想起美国《时代周刊》执行编辑沃尔特·埃塞克森在《爱因斯坦:以生命为坐标体系》一书。这本书中讲,爱因斯坦晚年在回答纽约州教育部门官员关于"何为教育"和"学校应在哪些方面加强教育"问题的时候,说了下面一句话:"历史教学应广泛的探讨伟大历史人物的独立思想和杰出的判断力对人类社会发展所作出的贡献。"

作为一位自然科学家,爱因斯坦晚年对历史教学的作用如此重视,这是人文社会科学界应当深思的,尤其是他希望历史教学广泛探讨伟大历史人物的"独立思想"和"杰出判断力"对人类社会发展所作出的贡献的话题,更值得我们重视。这是因为他思考的话题是一个教育哲学上培养创新能力的问题,也是人类文明传承、传播中培育创造能力的问题。人的判断力是独立思想所表现出的文明交往力。在我们的历史教育中,大多重视其历史功绩,而较少分析他们为人类文明交往留下的思想文化智慧。研讨今日西安地区在中西丝绸之路的地位和杨良瑶的对外交往活动的意义,判断力也应当放在人类文明交往自觉这个世界历史的大视野上去思考。

谈到丝绸之路,我想起了1988年9月在西北大学和奥地利萨尔茨堡大学合办的"国际丝绸之路学术讨论会"。我在会议的开幕词《丝绸之路是世界性文明交往之路》中,提出了以下问题:①丝绸之路的动力何在? ②因何开拓?③因何而盛? ④缘何而衰? ⑤为何又走向复兴? 人类文明史的基础是物质的生产和再生产,而生产的前提是交往。交往有政治、商贸、科技、军事、迁徙等种形态。人类文明史正是人类在从事生产和交往实践中,不断扩大活动范围,由原始的、分散的、封闭的人群,走向地区的、开放的、民族的普遍交往而使历史逐步变为世界史。正是在这个意义上,我把丝绸之路的开拓、后来的地理大发现到海路大通的新航路开拓,都视为人类文明史发展阶段性标志和世界性两大文明交往之路。

在那次会议上,我还提出了丝绸之路的研究中,最好采用理论结合实际史实的个案进行,而且资料的发现研究,"是绝对需要的"。你主编的《杨良瑶与海上丝绸之路》就是把微观、中观与宏观结合起来的文集。我对此发现和考察虽然知道得太晚,但读后仍然兴奋不已。如果说1988年在唐代长安太平坊故址西北大学召开的"国际丝绸之路"学术会议唤起我的历史感,那么,1984年,在陕西泾阳发现的《唐故杨府君神道之碑》则使我有更多现实感和文明交往遐思。

我想对杨良瑶这次外交活动再说几句。在为全国研究生(编著的)[*]教科书《阿拉伯国家史》中,我提出了阿拉伯——伊斯兰文明与中华文明之间各自的交往秩序体质问题。阿拉伯帝国是"穆斯林秩序",它乘伊斯兰性、阿拉伯性和世界性威力东扩中亚地区,并且从喀布尔进入南亚。它和大唐帝国的"华夷秩序"之间,充满着复杂的交往关系。公元751年(天宝十年)的恒逻斯之战,使"华夷秩序"在西部受挫,从而确立了阿拉伯人在中亚和南亚的优势,使"华夷秩序"的经营重心进一步转向海路。在诸多因素作用下,海路成为阿拉伯文明和中华文明交往的主要渠道。阿拔斯王朝奠基者曼苏尔在巴格达建都时,就说过这样的话:"这里有底格里斯河,可以使我们接触像中国那样遥远的国度,并带给我们海洋所能提供的一切",杨良瑶经海路出使阿拔斯王朝,到达首都巴格达,正是在这个历史条件下发生的。如果《阿拉伯国家史》再版时,我一定要补写上唐代杨良瑶这次"往返如期,成命不坠"的海路文明"聘大食兮声教普"这个历史性交往事件。

张世民:您毕生致力于史学研究,是否接触过中国传统的地方志著述?您认为陕西区域史或陕西地方志编纂中,是否有必要借鉴世界史的视野?我们又将怎样拓展这样一种宏阔的视野?

彭树智:史志分工不分家,二者在传承文明中相伴而行,相得益彰。中国地方志更具特色,为国际研究者所重视。20世纪80年代初,我访问美国时,华裔教授唐德刚先生就告诉我,他在哥伦比亚大学图书馆工作时,就发现那里有许多中国的地方志。他谈到翻阅过《陕西地方志》,这给我留下了深刻的印象。后来我在主编《中东国家通史》的《约旦卷》时,为了回答汉代以后约旦和中国历史交往出现"空白"的问题,便从阿拉伯伊斯兰文明与中华文明和世界历史长河流向方面寻求答案。我想到了明代晚期中国知识分子与西方传教士交往后萌生的世界意识,想到了明代陕西三原人马理总纂和主笔的《陕西通志》。我在该书卷十《土地·河套西域》部分,发现了收录的《西域土地人物略》和《西域土地人物图》。这是两部对阿拉伯半岛图文互补的历史地理实录。它叙述了 14 个自然与人文地理状况,并且对半岛上的穆斯林特征作了分类:①天方国的"出家回回"与"进城礼拜回回";②哈利迷城等地的"缠头回回";③牙瞒城"黑发回回";④阿都民城等地的一般"回回";⑤特别值得注意的,还有"蓬头戴帽儿"或"剪踪披发戴帽儿"的"汉人儿回回"。这些"汉人儿回回"是以集中或分散两种形式侨居该地区。它记录了有关城市的众多物产。还有一个名为"陕西斤城"的记录,令人感兴趣。

《西域土地人物略》和《西域土地人物图》这两部书作者可能是明代晚期的陕西人,马理也可能是他们的合作者。《明史》称,马理是治经学的"天下名士",与高陵吕柟"并为关中学者所宗"。从他在《陕西通志》中的许多按语,便可见他的独特见解。据有关研究者称,他在书中收集的《西域土地人物略》这一文献,比顾炎武《天下郡国利病书》更早,而且版本更原始,也更有研究价值。这是马理这位地方志大家的世界视野,值得借鉴。它也为《阿拉伯国家史》增色不少。后来,我把这段记载详细地记入《中东国家通史》的十三篇"编后记"之中,也使这部史书具有更浓郁的中国气派。我认为,编地方志,世界史视野是不可缺位的。世界史是人类文明交往的新自觉时期,理应从人类文明交往的历史观念观察地方志工作之"所以"和"所由"。马理因为有"近者悦,远者来"的睦邻与远交的文明交往观念,才把《西域土地人物略》和《西域土地人物图》这样反映扩大世界地理范围、重视自然与人文地理的实录,列入《陕西通志》,从而功泽于世界史。这是一种与世界史过去存在和与现时存在的历史感,这种历史感的存在,使得人们在写作时不仅意识到自己的存在时代,还会有把自身置于人类文明交往史的宏观视野之中。你的《杨良瑶与海上丝绸之路——〈唐故杨府君神道之碑〉解读》一书,已反映出这个思路,而且也做到了相当深度。书中提到萧婷还是奥地利萨尔茨堡大学教授,又使我想起前面提到的学术讨论会。你和她交流本身就是一种文明交往活动。

张世民：您对陕西泾阳、三原有何记忆？这些早年经历对您学术研究有何影响？

彭树智：这个问题我前面已经谈了一些，现在就记忆到的再补充一些。关中有句民谣："天下县，泾(泾阳)三原。"还有一句口头禅："泾(泾阳)三(三原)高(高陵)，(关中的)白菜心。"我生在泾阳三渠口乡，"三渠"即郑国渠、白渠和泾惠渠，都是用泾河之水灌溉农田的。泾河源自宁夏，经甘肃入陕西长武、彬县、淳化、礼泉、泾阳，至高陵入渭水。泾惠渠为大水利专家李仪祉先生兴修的，他的墓地就在渠首。自从渠成，盛产棉花。我家附近的杨梧树，有仪祉农业技校和杨梧村农场。农场场长是宋康祥，江苏人，他把实验成功的"泾斯棉"，首先在附近农村推广。这种新品种棉白、绒长、产量高，一亩地可产皮棉十几捆(一捆十斤)，是价钱很高的经济作物，给当地农民增加了丰厚收入。农场技师加上农校教师，和农民关系也好，经常传授种植棉花、小麦、水果技术。学校有袁芜洲和袁芳洲两兄弟，是山西人，在武功西北农学院任教，农民把他们称"大袁"和"小袁"，是李叒仪校长请来的兼职老师。他们一边教书，一边到附近几个农村和农民一起生活(，指导)生产，很受欢迎。学校的学生也多是泾惠渠灌区来的农家子弟，为陕西培养了不少农业园艺技术人才。我对二位袁先生印象很好，对宋康祥场长更为佩服。他们教我们嫁接果树，为我们传授治理病虫害技术，所改良的苹果个大、味美。尤其是梨树新品种所产的梨，命名为"十里香"，远近闻名。遗憾的是，我不是传业的好学生，后来考上省立三原高中，离开了这里。但这一段农学经历，开阔了我的自然科技的眼界，从实践上增加了我对大自然的热爱。"爱自然，为人类"，日后使我对自然科技和人文社科两大科学在文明交往作用方面，有了全面认识的基础。

我虽生在泾阳，对泾阳县记忆不多，只是随父亲去过一次县城，知道那里有一个姚家巷小学和泾干中学，见过县城东门外的"抗战烈士纪念碑"和坟墓。我只在泾阳上过一个中学，而在三原上过两个中学，记忆较多。在抗日战争期间，三原县是陕西文化中心之一。有东渠岸的池阳中学、城隍庙旁的三原县中，还有西渠岸的民治中学、书院门的省立三原高中、北城的省立三原女中和三原工业职业学校。此外，三原城北郊还有振国中学，城里学生用下面的顺口溜形容这座私立学校："王子元，办振国，一个学生石(dan，一石十斗)二麦，不许学生背锅盔，冬夏都是一身黑。"在三原城东关还有一个从山西迁来的铭贤中学。是孔祥熙办的学校，教师和学生穿着讲究，出手大方，看起来都很富有。在抗战期间，一个县城有八所中学云集，其中有两个还是省立中学，而且三原有东西渠岸的报馆、戏院、书店，与西安学校的体育比赛、文化交流活动也不少。还有于右任书写园门的"城南公园"，是人们经常去的文化娱乐活动场所。

"渭北春天树，江东日暮云"，这是杜甫《春日忆李白》诗中名句。我所在的三原高中，原名"渭北中学"，后改为省立三原中学。回忆早年中学岁月，许多人和事泛浮脑际。校长王时曾先生豪放而严肃，常讲他从家乡白水到西安考学的事。那年许多同学约好一起去西安赶考，但第二天漫天大雪，其他人都望而生畏，不敢上路，只有他一人背上馍，冒风踏雪而去。他用白水土腔说："那一天，我在银（nin）一般的世界里，走了个痛快！"他不许学生留长发。开学第一天，在大操场让学生排起队，由几个理发师把所有留长头发的学生，都剪成和他一样的光头。他的专制作风，令人敬畏，但关心学生学习，令人敬佩。他对早起在操场上读英文、古文的学生，称赞表扬，令人感到心暖。回首往事，可以仿老杜诗为："泾原春天树，京华日暮云"。树已老，日已暮，"三原桥，泾阳塔，还有咸阳冢圪垯"这样的家乡民谚，不由涌上心头，这就是老年乡愁之情。

提到咸阳，我回忆起祖母对我幼年的"诗教"往事。她是咸阳人，能用咸阳话唱出无数"口歌"。陕西关中农村过去在妇女中流行此种民谣，即顺口溜式、有声韵、可在纺线织布、做针线活时边劳作边咏唱的诗歌。祖母常用的曲调是绣荷包或眉户剧曲调，用这种有音乐感的口歌，咏唱日常社会生活。它平实动人、押韵而上口，那悠扬曲调，配上歌词，不绝如潺潺甘泉，融润入我幼小心田，使我从小便受到诗意的生活熏陶。直到现在，我还清楚记住其中六首。我把它写入《老学日历》第七编《诗意人生》中的《孔子的诗中之教》一节。这里，我只举两首：

第一首：《家史之歌》

树有根，水有源，你的老家在河南。南阳府，淅川县，城西八里石家湾，石姓本是你祖源。淅水涨，遇荒年，逃难来到陕西咸阳原，过继姓彭人，家住渭城湾，胡家沟内把家安。胡家沟，又遭难，再转泾阳县，三渠口乡成家园。

通过她这首口歌，我知道了我祖辈原来是有迁徙交往传统精神的河南淅川移民。我因此把"石源"作为另一名号,而今暮年,我仍饮用着由淅川南水北调引入北京的一江清水。饮水思源,用诗入史,顿思祖母"口歌"中令人遐思的历史品味。这首口歌是史诗的类型。

第二首:《敬惜字纸歌》

字是圣人造,读写传大道。敬惜再敬惜,不做败家子!

祖母识字不多,但对一切有字的纸都怀有敬爱之心,不许乱扔,为此专门设有"字纸篓"。那是一个用柳条编的筐,上面贴有"敬惜字纸"四个大字,装满之后,再烧成灰埋在地里。我在主编《中东国家通史·以色列卷》时,想到犹太文明习惯中,有涂蜜于《圣经》上,让幼儿从小就尝到书的香甜滋味,用以说明犹太人爱书的文化传统。其实,在中华文明中,也有汉字创造者造字后使鬼神惊叹,而且"敬惜字纸"的尊字崇文传统,早已深入民间,成为妇孺皆知的事。我常想,民间蕴藏有许多文明珍品,如玉在山,有待发掘而载入史志,如关中"口歌"这种倾诉普通人民心灵苦乐的诗歌,就是值得重视的一例。祖母那种"不为诗,无以言"的言传身教所表达的人生艺术风格,不仅激发了我对文史的兴趣,这种文化情操的陶冶,也成为我后来诗意治学旨趣的源头初始之地。

张世民:请您对陕西地方志工作谈一点意见或建议。您对办好《陕西地方志》期刊有何看法?

彭树智:陕西地方志有优秀的历史文化传统,又有创新的持续发展,前途无量,任重道远。《陕西地方志》期刊我虽然没有看过,但如同对陕西地方志工作一样,都怀着故乡情怀。作为陕西籍老学人,我暮年客居北京,成为"京隐",常常西望长安,对故乡的一切,如唐代诗人白居易《偶居寄朗之》诗中所言:"老来多健忘,惟不忘相思。"我对地方志和期刊工作,都是外行,不能妄论,只有怀着一片玉壶冰心,衷心祝愿二者并驾齐驱,稳步前行,在"为国修志,传承文明"方面,做出更富有创造性的一流新成绩。

四

其 他

给闫向莉的博士论文修改意见

第四章 兼容并蓄、左右逢源地对美苏政策

印度独立后,面对的是雅尔塔体系下逐渐形成的美苏两极化格局。如何在两大集团的夹缝中找到印度发展的空间,实现印度的大国梦想,是这一时期尼赫鲁必须要解决的问题,所以在尼赫鲁时代,如何发展印度和美苏之间的关系一直是印度外交的重点。尼赫鲁为了大国理想,面对现实,把不结盟作为外交思想的核心,在平衡印度与美苏关系的时候,把不结盟外交的实用性体现得淋漓尽致。尼赫鲁的如意算盘是:印度保持自己的独立性,在美苏之间周旋,和他们都保持友好关系,利用双方对印度的拉拢和印度自身的影响力,从美苏双方获得相应的好处。当然具体对美苏之间的亲疏远近,并不是绝对的平衡,而是根据在某一时期印度的<u>国家利益决定</u>。(**彭先生批注:很对,这是所有国家外交的原则,但如何互利?在交往互动作用上要具体化。这些问题还宜从文明交往角度多思考。这样,才能更切近论文主题,也不止于与一般的外交论述。利益、意识形态、文化上的价值观,这三点是外交上常起作用的关键,也是文明交往的关键处。**)

最初,对美国印度打亲情牌,宣扬印美"世界上两个最大的民主国家"在政治制度上有天然的亲切感,应该多加联系,以此来拉近两国的距离,又迎合美国的"遏制政策",以共产主义威胁为借口,向美国寻求经济援助。对苏联,则主动与共产主义国家修好,宣布建立"社会主义类型社会",吸引苏联眼球。尼赫鲁把西方的民主模式、苏联的经济模式一方面用于国家建设,可谓文明交往上的兼容并蓄,另一方面也用来作为外交的筹码,也是外交上的左右逢源。

第一节 印度文明与"民主"美国

关于对美国的政策问题,尼赫鲁在印度独立前就有过认真的考虑。他思

考了印度的现实和美国对印度的态度,最终确定的对美政策还是以亲近为主。但是,美国和印度因为在外交目标、两国的发展程度、文化背景、国际重大事件的不同态度立场、克什米尔问题的分歧、国际关系的处理等因素的影响,双边关系处于冷热不定的状态,忽远忽近,难以把握。事实上,鉴于印度和美国对彼此的依赖程度和利益关系,两国关系的远近,最终还是由美国的国家战略决定,也就是说,印美两国关系的发展主动权掌握在美国手里。(彭先生批注:?)

第五章　文明兴衰与尼赫鲁的大国梦

(彭先生批注:大国梦是一般的提法。应为"大而强"的国家之梦。印度本为大国,尼赫鲁想使之"有声有色","有声有色"即"强国"。)

尼赫鲁认为,"一种文明的衰朽其原因在于内部的衰败者特多,而由于外来的侵害者较少。一种文明的衰落,可能是因为在某一种意义上它已经陷于枯竭,不能在变动的世界上作更多的贡献,或者社会文化性质如此,使它超过了某一点就成为进步的障碍,只有在那种障碍已经排除之后,或者是那种文化中已经传入了某种主要性质上的变动之后,进一步的发展才有可能"。(彭**先生批注:这段话表明了内因与外因,即内部交往与外部交往之间的关系,颇有文明交往自觉的认识。当然是书面上的思想,实践上是另外一回事。总的说来,尼氏的不结盟思想确实是文明交往在美苏两极对立下的一个创造。)**印度文明在衰朽中受到了来自外族的侵略,西北异族侵略和伊斯兰世界、基督教世界对印度的冲击,使印度明白了自己的弊病,外来的新的元素注入了印度文明当中,印度选择性地完成了对世界文明精华的吸纳之后,印度文明发生了质的飞跃,有了这种变化,印度也就有了争取做世界大国的底气。

"有声有色的"大国一直是尼赫鲁的梦想,也是全体印度人的梦想。尼赫鲁认为,只有大国地位才配得上灿烂的印度文明,也只有大国地位,才能让印度把文明弘扬的更加广泛,印度有成为大国的潜力,也有能力承担大国的责任。印度在独立后,产生了新的社会关系,释放出了新的活力,提供了印度文明重新崛起的契机,所以,印度民族开始以新的姿态活跃在世界政治舞台,争取重现自己昔日的辉煌。

第一节　文明的崛起——尼赫鲁的大国理想与不结盟运动

一、尼赫鲁的大国理想

尼赫鲁外交思想的核心是追求大国地位,做一个"有声有色的"世界大国,这也是印度外交思想的核心。他在《印度的发现》中写道:"印度以它现在所处的地位,是不能在世界上扮演二等角色的,要么就做一个有声有色的大国,要么就销声匿迹,中间道路不能引动我,我也不相信中间地位是可能的。"尼赫鲁在印度独立之前,就把印度的国家战略目标定位在世界大国上面,他如此信心满满地相信自己的预测,是因为印度的悠久的历史文化背景给了他信心,现实的国际政治的考虑也让他推断出这个可能——当然,尼赫鲁认为这是必然,从现在的发展形势看,尼赫鲁的确是高瞻远瞩。

二、20 世纪 90 年代以后的实力外交

(彭先生批注:这一部分[二、三]重点论述尼赫鲁外交思想的传承与变化;注意思想脉络的梳理,减少史实论述。)

(一)古杰拉尔主义。印度一位学者含蓄地指出:"印度南亚外交的地理因素影响了印度和南亚小国的关系"。在实质上,是印度为了实现它的大国梦想,利用地缘优势,依靠"南亚超级大国"的地位,控制它的邻国,这种称霸南亚的地区霸权主义政策,一方面是从印度的国家安全战略出发,照顾好自家的后院,保持印度在南亚的绝对优势;另一方面则是出于对大国目标的考虑。印度想成为世界大国,就必须要先成为地区大国,只有保持住南亚的地位,才有可能放心在整个亚洲争夺领导权,然后进入亚太,在世界上发挥(出)印度更大的作用。

彭树智先生有关《中东史》写作的信件①

关于撰写《中东史》的意见（一）

铁铮、民兴、丽英、志斌诸同志：

《中东史》的写作已分工一段时间了，我们之间也交换了一些意见。现就自己的想法，通报如下：

1）这是人民出版社一套地区史丛书之一，我体会主要是体现地区史的综合性特征，只有40万字，简要而明晰，概括而有典型具体历史性。请仔细阅读该社要求，免走弯路，因为最后要他们认可才行。我们应当充分利用这个机遇。

2）充分吸取我所近些年来的大成果，特别是三大部分（《中东国家通史》《阿拉伯国家史》和《二十世纪中东史》）以及我的《文明交往论》，这是我们自己所得的东西，具有自己特色的基础性东西。同时也要多多吸收国内外有价值的新成果，保持本书的前沿性。特色性的著作，只有在前沿性背景之下方能显现其地位。

3）我设想我们的《中东史》是"世界历史性"②的中东史和"历史的人类"③结构相统一的中东史，其中有一以贯之的主心骨架——人类不同文明之间和相同文明之内的交往历史逻辑。这个逻辑表现在表面的是清晰可见的政治、经济、社会和精神生活等外在形式层面，而我们要着力开掘的是，人类

---

① 本文发表于《中东研究》2011年第2期。

② 《马克思恩格斯选集》第1卷，人民出版社1995年版，第86页。

③ ［德］奥斯瓦尔德·斯宾格勒：《西方的没落》，齐世荣等译，商务印书馆1993年版，第13页。

文明交往长期积累的历史深层结构层面。这里最需要的是:世界全球意识、全人类意识和时代意识。

4)我还考虑到,我们的《中东史》的聚焦点在中东的地区特点,其范围主要是我们所的"中东18国说",但也不能与"大中东"诸说完全脱节,要从交往的需要上表现它们之间的内在联系。这里,不是以国家为单位,而是以中东整体文明发展而界定取舍:纵为古今;横为物质、精神、制度、生态四大相互区别又相互联系的方面。

5)具体注意之点为:关注时间顺序,重视事实、活述人物、深思各文明交往发展阶段的联系,举要治繁,"弥绝群言",[①]使读者从中体味到历史的透视感和文明交往的穿透力,从而引导他们发现历史时代的方向、连续更替、真实性和意义。这里最重要的是理出中东历史的发展脉络和具体线索,献给读者的是一本用文明交往贯穿其中的立足现实、追溯历史、审视现在和未来的《中东史》;是"一本万殊,会众合一"(黄宗羲语)的学派意识的中东史。[②]

6)直接要求各位作者的是:

a.在12月份(最好是20日,不迟于25日)寄给我一份各自分工部分的写作大纲,包括有:章、节的题目及准备重点解决的问题;

b.在看参考书时,准备好图片、照片,以便将来汇总,寄出版社;

c.收集资料时,随时注意引用出处,以免出误;

d.若方便与可能,提出对全书的总体设想。

7)总之,我觉得我们应努力表现出《中东史》的严谨、新颖和独特的品格,把中东研究的最新成果贡献给学界和青年。我强调文明对历史的重要性,进而突出交往对文明演进的至关重要性。实际上,没有一种文明可以离开交往活动而存续下来。所有的文明都是通过内部的和外部的交往激励作用而具有活力。在中东这样一个传统悠久、文明汇聚和极富交往特色的地区,尤其现当代成为①世界一些主要种族、宗教、领土矛盾热点策源地;②伊斯兰世界中心;③世界石油、天然气储量丰富地带;④各种文明交融冲突地带;⑤各区

---

① 刘勰:《文心雕龙》的《序志》篇,以"赞"结束全书,对治文史有启迪意义。

② 参阅彭树智《松榆斋百记——文明交往散论》一书,西北大学出版社2005年版,第342—344页。

域和全球各大国利益交织点;⑥美国推行"大中东"计划核心地带,等等,更为世人所关注。我愈是思索中东文明交往问题,愈是感到深入研究历史的重要性。我越来越相信,唯有沿着文明交往的人类历史轨迹,独立而冷静地思考,才能面对汹涌而来的各种思潮和爆炸性的知识信息,做出主体性的判断,从而在更长时段的时间和更广阔的空间范围中,深刻认识和全面理解人的本性以及其对富裕、民主、和平和文明生活的追求。

祝诸同志安排好时间,抓紧准备,并以下述赠言共勉:

静心读书,潜心治学,提高中东学科的自觉性,写出中东史文明交往的"活态"①来!

彭树智

2005 年 10 月 6 日于北京

关于撰写《中东史》的意见(二)

铁铮、民兴、丽英、志斌诸同志:

上次《意见》中,我的最后一句话是:"写出中东史文明交往的'活态'来!""活态"是借用梁启超的话。"活态"即"动态",即把历史写"活",从静中见"动",写出它本来面目的状态。20 世纪的许多史学大家,都注意到以文明为单位而撰述历史,或以文明的理论来立史论,却都忽视了文明之间的交往和各文明之内的交往,因而缺乏"活态"和"动态"。

我在《中东国家通史·叙利亚和黎巴嫩卷》的《编后记》中说:"'文明交往'对于研究历史和现实问题的意义,在于它重视人类各个文明之间的相互联系和影响,在于关注这种相互联系和影响在不同时代、不同地区和不同国家中所达到的程度与发挥的作用。"在这篇后记中,我总结了 7 条心得、阿富汗和叙利亚这两个古代"文明十字路口"的交往联系之后,谈到"整体史观"时,提到德国史学家弗里德里希·迈克尔的《世界主义与民族国家》中关于"只有经由当今之门,才能进入往昔之地"的历史理解性参与意识。我在后记

---

① 见梁启超:《中国历史研究法》。"活态"是一种社会状态,对《中东史》写作有益。

中对他的话从文明交往论观点作了三点发挥，其中第一点就是："任何以蛀书虫心态习惯埋头于历史资料的人，无法同已逝年代里活生生的力量建立真正的联系，无法把握古往今来极为本质的东西。"这里就是说"活态""动态"来源于"交往"。我在编《中东国家通史》时，一直在一个个国家、一群国家中观察思考文明交往史观的应用范围和发现其中的联系，希望这次在《中东史》写作中，同大家一起，再从通史的角度，把它通过通识、综合、比较之后，在结构上再有所提高。希望我们在写作中，特别消化一下现有 12 本《中东国家通史》中的集体智慧成果，当然也包括我的《卷首叙意》和 12 篇《后记》，并把其本质之点，融入《中东史》之中。

我之所以这样说，是因为这种消化工作才刚刚开始，可能同志们都已经意识到了，但还未深入其内，需要仔细研读体会。我之所以强调这点，是因为目前像我们这样，把中东 18 国一个国家或几个国家具体研究，并写出成果，尚未从整体上发现。我们对自己的努力探索的成果，应当特别珍惜。这不是因为别的理由，而是因为这是我们撰写《中东史》的新基础。只有在此基础上，才能吸收好别人的成果，才是"自得"的、有学术个性之作。俗话中有"狗熊掰棒子"之喻，说的狗熊进入玉米地，掰一个玉米棒子，扔一个玉米棒子，不知为己所用的行为。治学何尝不以此为大忌！当然，对于我所的《阿拉伯国家史》和《二十世纪中东史》也要仔细研读，理由同上。对于国内外一切新成果，自当重视，这是理中之义，不过不能跟着走、顺着讲，而是为我所用。总之，在人类文明交往史的长河中，通观中东的历史进程，确定其地位和作用，是我们的主旨所在。我们好像蜜蜂采百花之精华，酿造自己之蜜。在观察任何一个重大事件时，都要从人类文明交往的视角，探究其间的内在联系，只要认真仔细思考，一定会有新的发现，这是我审读 12 卷《中东国家通史》中的切身体会，其中主要的都写入 12 篇"后记"之中。商务印书馆的一些同志，说我的后记"自成文体"，"每篇都是后记式的论文"，其实其主题都是人类文明交往论在中东国家的具体化。希望在此次撰写中东史过程中，大家都从自己章、节、目结构的思考中，有所发现和创造。

下面我就一些具体问题作若干说明：

1）全书结构：用"章"—"节"—"目"（可细些，细化全章内容）结构。有些像教科书，不过是有学术品位的、深入浅出的教科书，使人易读启思。

2）字数：古代、近代、现代、当代，各 10 万字，不要超过。

3）在出版社约稿期内一定完成定稿。各位作者在此前一月交稿给我。我们都一定要信守承诺，保质、保量、按时完成。

4）注意在写作过程中搜集代表性的照片、图片、地图，以应出版社要求。

5）"注"写在页下，按出版社规格，不宜太多，但有引号必注。

6）引用别人成果，一定要注明，杜绝无意抄袭现象，恪守学术规范。

7）尽量发挥作者主体作用和潜力，"学贵自得"，要力求有新视角、新见解、新材料，有叙有论，至少要显出综合力，从整体上把握各代本质性动态史，负责本部分质量。年代、人名、制度等不出常识性错误。

8）主编负责全书统稿，有权增删，但需同作者讨论而后决定。

9）多阅读"约稿合同"。出版社的一切要求，都要落实到各部分之中。

最后要说明的是：

1）各位作者的大纲都下了很大功夫，写得都有思想，大的轮廓已经清晰，指导思想也明确，可以制订写作细纲，动手写作了。

2）我把各位的大纲，按我的思路统一成为《中东史》写作大纲。注明是"初稿"，意思是要由作者再考虑，或改动，或在写作中变动，都有很大余地。不是"定稿"，定稿最后是全书定稿之时，望多出主意，尽量在"章""节"目录上体现文明交往脉络，"目"题上反映小脉络。

3）"目"有的作者写了，我不做要求，写了也可看出作者思路，对我统一大纲有用。"目"是"节"的具体化，"纲举目张"，请作者把"目"考虑周到些、醒目些，多斟酌、多推敲，力求醒目，体现文明交往的联系性。

4）各部分连接处再明确一下：

①古代与近代的分界处——古代结束于突厥塞尔柱人和帖木儿帝国，近代开始于奥斯曼—伊斯兰文明，即奥斯曼帝国文明，与阿拉伯—伊斯兰文明相呼应、相互衔接。撰写此开端章，思考两个伊斯兰文明的联系和区别、相同和相异，写得好了，写出特征，是中东近代史一个创新点。

②近代和现代的分界处——1905—1911 年中东觉醒，把土耳其和伊朗两次立宪革命由近代划出，作为现代中东史的开端。近代只写到 19 世纪末，个别问题可延伸至 20 世纪初，但到 19 世纪末基本上可以止笔。关于中东觉醒，列宁有很多论述，可看《列宁选集》。我从文明交往角度，加了"现代中东文明

交往的曙光"，标志现代中东史由此肇始。"曙光"借用恩格斯的"亚洲曙光"与文明交往之光相连用，比"觉醒"更贴当。"立宪"是民族民主的自觉之光，照耀现代中东社会的新时期。写好此点，也有新意。

③现代与当代的分界处：1945年结束的反法西斯第二次世界大战。这一点有确定说法。第二次世界大战在中东的问题，我改的提纲是从国际交往角度改动，从反法西斯战争全局看中东。原来《二十世纪中东史》写得较细，我未见有关此问题有超过者。但缺点是未从交往看中东，第二次世界大战是反法西斯性质的正义之战，是文明同野蛮之战，是以战争形式出现的空前文明交往形式。这一章写好了，也是一个新角度。

④当代史从"当代中东民族独立国家体系的形成"开始，其同一进程是"西方殖民体系在中东的瓦解"。这是中东当代开端的头等大事，它决定了以后中东文明史的发展方向，成为现代化改革的政治前提和日后政治民主化的基础。它又与现代民族国家与现代化改革相呼应，成为东西方文明交往的中心线索。写好了，也有新意。国家是人类文明的标志，现代民族国家是现代文明的标志，有其交往的阶段性。

⑤本书用"中东18国说"，不包括马格里布国家。只是在必要处，方可一提。

⑥本书以"冷战后全球化交往与中东的回应"为结束（从经济全球化、现代化、美国全球战略和中东和平进程结束）。对展望仅有几句即可。

走笔至此，我用过去在《伊斯兰教与中东现代化进程》说的一句话"困而后知，勉而行之"，作为共勉。这句话来自《后汉书·桓谭列传》，原话是："虽有怯懦，犹勉而行之。"

科学研究上最忌怯懦犹豫，最需自信自觉。"困而后知，勉而行之"，是一种自强不息的科研知行观，是一个科研工作必备的勤奋实干精神，让我们在写作中升华它！

彭树智

2006年2月15日于北京松榆斋

2006 年 3 月 10 日来信

铁铮、民兴、丽英、志斌诸同志：

听到铁铮来电中关于你们对中东史的撰写工作的讨论情况，我完全同意你们的意见，可按决定动手写作，给我的交稿时间定在 2007 年 2 月底，不要变动。出版社的交稿时间是 2007 年 6 月。因为是约稿，质量要保证，得给我足够的修改时间。

从上次发出信后，我又有几点思考，供大家在准备中参考：

一、写作指导思想上，注重"通"，反复"究"，着力于"自得之言"。司马迁曾经为治史者提供了一个宏大博通的学术眼界："究天人之际，通古今之变，成一家之言。"究、通、成三字中，通为核心，通史强调对古今中外的历史要贯通、融通、互通、精通，发现变化、变迁、变动的脉络。① 通古今之变，是指从历史的长时段看文明的演变，所以每位同志在分工段中，要注意"精通"；同时，又要在整个中东史中找到自己分工段中的位置，写出既有共性又有个性的历史。文明交往对古代部分作者，写源思其流向，对近代部分作者上溯源头、下思流向，对现当代作者都有溯源思流的"上下通变"的任务。中东史从根本和整体上讲，注重"通"，就是从文明的错综汇流、大浪淘沙和川流不息的交往长河的变化中去贯通其发展脉络。"究"是研究、追问、追究、深究，司马迁的究在天人之际，"之际"即之间的联系，也即交往，是解决不同文明之间和相同文明之内的交往关系在人与自然方面的体现。从文明交往看人与自然环境的关系，这是一个新角度。司马迁在《史记》中有"天文""地理""气候""资源"等等方面与人的交往关系，但受时代限制，没有展开深究。康德的哲学坐标中，"有两件东西"，即"头上的星空和内心的道德法则"使他经常、持久思索，这也是究"天人之际"。除了物质文明、精神文明、制度文明之外，生态文明也应在我们文明交往中加以关注。最后是"自得之言"。我没有用"成一家之言"，那是大家气概，我们取其中，要在书中体现"学贵自得"品位，一要新颖，二要独创。用文明交往之学术眼光，从常见的史实中也能看出新东西，从不相关

---

① 见我的未刊稿《文明交往随记》，附录十一《学术修养、眼光、方法》。

的材料中,也能得到豁然贯通的观点。材料无新旧细小,眼光有高下宽窄,着力于文明交往之际,常思"通变""究理"和"得言",以求未知,必能树立新义。

二、写作方法上,用叙述性的笔法、采综合性的选择、定研究性的思路。法国年鉴派史学家费尔南·布罗代尔把历史学界定为"人文科学中要求最严格、最新颖、最独特的科学"。他有一个最值得注意的观点:历史学的首要任务是把新的研究成果传播给青年,而他的《文明史纲》就是一本很有学术个性的世界史教材。我注意到,他强调通过实际史例研究文明之间交往的至关重要性的论述。他说:"没有一种文明可以毫不流动地存续下来;所有文明都通过贸易和外来者的激励作用而得到了丰富。"[①]从我自己编写教材的体会中,我觉得中东史是面向广大的青年群,用叙述性笔法,易于深入浅出,易于引导青年的历史感,从时间、空间、事实、人物发展阶段的联系中,使青年发现时代的真实性、方向性和连续更替及其意义。在选择史实上,综合性是核心方法,其要点是:1.用粗线条勾勒概貌;2.对重大问题、重要事件和人物,要浓笔重抹;3.介绍与考察问题时,要多侧面、多角度、多方面进行;4.时空上要容量大。写作思路上,要定位于研究性上,要有理论深度、有简明的分析。中东地区从古以来就是一个人类文明交往的典型地区。写中东史,综合性方法尤其重要,它可以帮助作者更好地处理点、面、线的关系。因此,叙述性、综合性和研究性三者的有机结合,特别有利于提高中东史的质量。

翦伯赞先生说过,教材的撰著者犹如古代传说中的饕餮,对知识特别贪馋善食,消化力极强,一本专著的成果,在教材中只浓缩为一段话,甚至是一句话。其实,我倒觉得我们写中东史这样面向广大青年读者的著作,每位作者更像蜜蜂,采百家花,酿自家蜜,在书山文海中,沿着文明交往的独立冷静思路,做出自己的主体性取舍与判断。历史对当前问题提不出什么现成答案,但历史可以使我们对当前问题有系统而深刻的理解;这种理解存在于人类文明长时段的交往的智慧积累过程之中。宁静治学,可以久远,愿共勉。

彭树智

2006 年 3 月 10 日于北京松榆斋

---

① [法]费尔南·希罗代尔:《文明史纲》,肖昶等译,广西大学出版社 2003 年版,第 30 页。

为什么是中东史？

本题目是由美国学者本杰明·史华慈(1916.12.21—1999.11.14)《古代中国的思想世界》(1985)中开卷提出的"为什么是思想史"而改写成的问题，旨在理清中东史的思路。

史华慈研究中国思想史的兴趣，是受了"世界历史尺度的"思考类型的激励，也就是受了卡尔·雅斯贝斯"轴心时代"见解的影响。他认为"轴心时代"出现的中东、希腊、印度和中国的古文明都将直接或间接塑造这些文化随后的全部历史。他所说明的是中国文化的内部多样性和张力，进而分析中国古代思想与当代跨学科问题的关系。他给人们的启示之点，在于他把中国问题研究拓展至人类文明研究，并以比较方法探讨"轴心文化"和人类文明的共同点，批判"西方中心论"，思考当代人类文明发展中的困境和解脱的道路。

从"世界历史"尺度看各种文明，从各种文明交往看人类文明的历史和走向，也是我"文明交往论"的思路。我认为，文明交往在当今世界的焦点之一中东，在中东地区日益激化的美国同伊斯兰世界的对抗。2006年夏，黎巴嫩与以色列发生了对双方都造成损害的战争，但停火后双方都不言苦难而宣告自己的胜利。黎以之间的战争从本质上讲，是美国和伊斯兰世界对抗加剧的表现。巴以冲突、伊拉克和伊朗及中东其他冲突，都可作如是观。这种冲突给人类带来无穷苦难，是文明交往中的"交而恶"的表现。"文明冲突论"即由此而来。但历史终将证明：仇必和而解，事因交而通，文有知而明。

中东地区在古代的文明，两河流域、尼罗河流域的古文明，一个又一个中断了。中断的原因各种各样，而结果都是一样可怕的。中断了之后的古文明就很难复兴，很难传承。中华文明是人类古老文明中唯一没有中断的文明，因为它有从古到今一以贯之的、可以长期不因王朝更迭而延续的、善于坚持传统、又吸收外来先进因素的主流文明。很难复兴但并不是不能复兴，西方文明中有文艺复兴，复兴了希腊罗马文明的精华。犹太的希伯来文明也在以色列得到了复兴。中华文明从五四到"文革"结束的57年，也在中断的过程中，"文革"达到了危险的边缘。改革开放使中国人看到世界文明进步成果，但彻底否定中华文明之后，崇拜外国文化、贬低自己文化而产生了"三好""三不好"观念:外国好,中国不好;现代好,古代不好;新的好,旧的不好。主流文化缺乏,造成了中国社会各种弊端和怪现象。现在中华民族的复兴,正是中华文明的复兴。复兴不是复古,而是对文明精华的传承,从孔夫子到孙中山的中华文明的工作由这一代人做。符合中国实际的创新中国化的东西,都是文明自觉的表现。

中东也面临文明复兴的形势。阿拉伯—伊斯兰文明、奥斯曼—伊斯兰文明、波斯—伊斯兰文明、阿富汗—伊斯文明、犹太—希伯来文明等等中东文明从近代以来就同西方文明在复杂、曲折的交往中复兴。有些复兴似乎是重复着过去复兴的周期律,在旧的经济基础不变的条件下只能循环。然而,宗教、民族、现代化这三个关键因素决定着新的进程。其趋势是:1. 由文化问题提升到文明问题;2. 制度文明(政教合一的政治文明)、法律伦理准则和穆斯林团结意识正在深刻变化;3. 伊斯兰文明解释的多元化;4. 研究者要全面、历史、辩证地对具体时空下形成的传统,这是确定伊斯兰文明复兴走向的重要理论原则。

为什么是中东史?因为是文明交往自觉的中东史!需要深思。

彭树智于悠得斋供参考
2007 年 5 月 1 日

走向学科、学术自觉的《中东史》编写工作手记

为编写《中东史》,2008 年 1 月 20—25 日,在北京松榆斋思考之后,写下下述手记,以记不忘,以表心态:

1. 挑战和超越:中东所有《20 世纪中东史》,有《阿拉伯国家史》,有 13 卷《中东国家通史》这几部大的集体著作之后,然后再写人民出版社的《中东史》,面临此挑战可谓巨大,我们如何超越自己?

2. 动力与阻力:《中东史》是一本地区简史,仅 40 余万字,最多为 50 万字,简而明难,浓缩、突出重点难,消化、选择重大问题难。插图又是一项新工作,图文并茂,选择与正文相配合、形象而深化、双向统一更难。有了前三项大型中东史书,既是优势,是动力,也可能成为阻力,可能使我裹足不前,既吸

收不好,又无法超越。真正的学术"里程碑",有可能不是成就,而是遗憾!对此要头脑清醒,回归史学本体,关注学术自觉。

3. 思考与问题:前三套书中,①在中东领域中,我们完成了什么工作? ②什么问题有待深入与扩展? ③如何从整体上把握中东史? ④文明交往论的基本思想,如何与中东史重大问题相结合?

4. 起点和基础:研究扩展较易,深入研究较难,基本概念、史料分析取舍和写作模式三者的研究,要针对历史学的本质属性。掌握典型材料,事例永远是起点与基础,在写作中要关注这方面的"清理"。

5. 整体框架与"问题域":从重大专题研究中确定"问题域"。没有史料、史实不行,仅有此还不够。必须有问题,问题是研究的先导,无问题就陷入史料与史实,从丰富史料研究中提炼文明交往的实质与规律性问题。

6. 接受与影响:文明交往论是"影响研究"。以中东史而论,可突出阿拉伯—伊斯兰文明、以色列—犹太文明、基督教文明、波斯文明、奥斯曼文明等等文明之间的接受—冲击—影响—整合—创造。此五环节中,影响为中间转折环节,至为关键,可以这样说,"接受""冲击"为开端,"整合""创造力"作用结果,"影响"则扣其他两端。在考察中要坚持交往互动规律,进行双向和多向审视,结合各历史阶段特点,就相关时代命题,进行同步思考和不同关照,从中进行文明之间互识、互证、互补的考析工作。

7. "之间"和"之内":文明交往的"思想结构",从中东史范畴讲,要有一种时间向度的研究观念。这种观念是一种"尺度",由此确定基本问题、某些规律性问题的方向,如文明交往的世界性、本土性和现代性等等。"思想结构"和"思想立场"相关,但要注意历史进程的完整性。我觉得应从文明交往的三个进程分析其轨迹:①不仅是中东不同文明"之间"的交往关系,而且要②分析同一文明"之内"的交往关系。只有这两方面的结合,才是全面的中东史;③物质、精神、制度、生态四大文明交往要全面反应。交往是全面的,各方面之间是交往互动的。

8. 模式与意义:研究模式解决:①研究什么? ②如何研究? ③为何研究?学术创新三途径:①新史料;②新观念;③新研究模式。中东文明交往史有两层次:①中东与不同国家、地区的文明交往过程;②中东与其他文明相互影响、相互创造的双向过程。模式上表现为影响问题的,一种是肯定的积极意义的研究类型,另一种是否定的负面的"霸权"影响。两者的意义不同。意义表明了"影响"的两重性。

9. 自觉与反写(Write Back):新理解与发掘为一类,新阐释角度又可重构而引发新的开掘为一类。此二类应兼顾。"平等对话"是一种道德化的学术理想,不能因此掩盖历史与现实问题。必须分析中东史上文明交往中霸权与压制、他者化与自我他者化、自觉与"反写"的潜在结构。所谓"反写"主要是指近代以来阿拉伯文化与西方文化的关系。不是说此时阿拉伯文化对西方没有影响,只是说西方文化成了强势文化,有"覆盖性"。在这种情况下,强调阿拉伯文化的影响,本身就是种"反写"。

10. 国别与世界:事实上,历史上不存在一个超越国别民族性史学的"普世立场"。启蒙神话中的"世界文学",当今的"全球史学"以及"整体史学",其中都包含着西方中心主义的霸权思想。"交往""联系""关系"之所以重要,就是因为它们从"跨文化""跨文明"的"公共空间"来研究文明问题。历史是多样的,文明是多元的,相互作用、交互作用是一个系统进程,这个进程形成于"跨文化""跨文明"的"公共领域"或"公共空间"之中。尽管弱势文明国家势单力薄,但也在某种程度上参与构造世界文明;尽管不同国家地区文明交往存在"不平等"的现实,但都以自身独特的立场参与世界文明。世界文明不可能是任何一个民族、国家扩张的结果。

结论——文明交往与比较:从文明交往研究的优点:①具有真正现代的学术视野;②从文明交往研究切入世界历史和现状研究,可以创造中国化的世界史与历史研究的学术个性。对现有成果进行品味、咀嚼与消化,对已有研究模式、方法、理论和已有探索、尝试进行重估和反思,进行过滤、选择、去伪存真,从而进入深层、全方位而创新。比较是一个重要方法,"世界性"因素,可以激活文明精魂。中东学科的理论体系与学术框架在于文明的交往与文明的比较。比较之中有新的结构。中东学科建设离不开学科自觉。

结论:

> 删繁就简三秋树,
> 文明交往要突出。
> 整体轮廓有新意,
> 超越前人在自知。

总结论:中东学科的自觉贵在学术创新。可分述为下:

1. 学者可贵的学说品格是"自得"。学者的自觉是学术个性化的主体性。学科是学者从事的学术领域,有了学术的个性自觉,还应有更广阔的学科自觉,即对所从事的学术大领域有一个整体的理性认识和求知致真的高境界追求。

2. 中东学科建设最需要的是学科自觉意识。我涉足中东学科领域说早也早,那是 1958 年伊拉克革命。但那只是昙花一现,被后来的政治风暴所吹掉。真正再进入时间要晚得多,可以从 1979 年苏军侵入阿富汗时开始。后来在 1985 年以后才正式确立定位。从那时起到现在,长时间的印象是,中东学科最缺乏的是学科基本建设,而基本建设中最缺乏的是中东学科独立的理论和方法。经过反复思考,独立的理论和方法缺失,根源在学科意识不强,在学派自觉性不强,在原创性成果缺失,在研究队伍不大,特别是这支队伍中学术自觉性不强。不过,1991 年以来,这种自觉性逐渐加强,成果和队伍也逐渐壮大,所缺乏的是原创性独立理论和学派意识。任务:推进学科体系、学术理论、科研方法的创新。

3. 理论肇端于思想。学科要发展,思想要先行,这是源。学科要发展,系列性成果要出现,学术范式要形成,这是尾,是结果。不能只见尾,不见头,不能只见后果,不见思想。理论之源是创造力,是想象力,是假说,是思维方式,是方法,是后来者跟着传承的起点。这就是思想,是理论。真希望每一章都有思想,文明交往思想。

4. 学科自觉的理论始于并基于问题。问题是什么?是时代的要求,现实的需要,学术发展的活力。学问,学问,岂能没有问题。屈原在两千多年前的《天问》中,就向自然世界提出了 12 个问题。中国当前面临许多国际问题,包括中东问题。美国在国际关系体系有主导地位,该国有"霸权稳定论""权力过渡论""长周期论""国际机制论""新自由主义制度论",等等,都有中东在内的问题。中国有一个如何面对国际社会和中东社会的问题。我们也从中找问题,真问题和自己的问题,从中具体问题具体分析,在解决问题的过程中逐步形成自己独立的理论。我以为,现在可以做的,是把文明交往理论具体化,与中东问题结合的具体化,而不是跟着外国人跑,顺着接着别人讲。

5. 学者与思想家的区别。我常想,熟悉一门学科而有成就者,可称之为学者,大成就者,可称之为大学者。但唯有那些兼有学问而又有胆、有识的新思想开拓者,方可称为思想家。学者是文化财富的持有者和传播者,思想家不但是文化财富的继承者,而且是文化财富的创造者,学术的发展者。人的智慧贵在创造,文化创造崇高而久远,需要赤诚、实干、肃敬、心平、气静。用"学"统领"术"谓之"学术",追求一时轰动效应,就源于无心于"学",而专注于"术",成为泡沫而泛浮破裂。这也是《中东史》写作的学术自觉和清醒观念。

6. 中东学科的自觉,是思想上的自觉,时代的自觉,主体性的自觉。学科自觉贵在创新,而创新的关键在坚持主体意识,即原始创新、集成创新和引进消化吸收后的再创新。要站在时代高度,瞄准学科前沿发展,着力解决制约学科发展的理论问题。当然这不是几本书能解决的,但一定心中有底,手中的笔才有所体现,才能用作品讲出有分量的话语。

7.《中东史》的编写,应当提高到中东学科建设的高度去认识,提高这方面的自觉性。由此出发,既要继承、传承,也需要创新、开拓。不忘记我们中东所已有的一切成就、成果;另一方面也要大力吸收消化国内外一切优秀成果,使之化为己有。《中东史》要有学术品位、史学本体,也要有思想境界,特别不可没有"自得之见"。走自己的路,写自己的书,培养自己的人,建立自己的学派。这对中东所是任重而道远,几代人才能完成。

但,路虽远,不走不至;事再难,不办不成。已成的 13 卷末卷作者名为"钟志成",是协力而同心的众志成城之作。众志成城,众志成书,老、中、青三代作者,定能胜此大任。努力吧! 我坚信一定能成功。

彭树智

2008 年 1 月 26 日手记于北京松榆斋

《中东史》初审意见(第五章至第七章)

一、先从第五章第一节第一目《奥斯曼—伊斯兰文明的崛起与伸张》说起。开头有关奥斯曼的民族起源一段,可改写如下:

奥斯曼民族的起源探究奥斯曼民族起源,对于增强土耳其现代民族意识,是一个具有现实意义的历史概念和命题。

土耳其,西突厥后裔。突厥为古民族,公元6世纪游牧于金山(今阿尔泰山)一带。因金山形似兜鍪(古代战盔),俗称之为"突厥",因以此为部落名。突厥广义包括铁勒、柔然,国力最强大时,东至辽海、西达里海、南至阿姆河、北到贝加尔湖。有文字、官制、刑法、税法等语言文字和制度文明。中国北朝的统治者曾与之通婚,人民之间往来和经济文化交往频繁。隋开皇二年(公元582年),分裂为东突厥和西突厥。

西突厥为唐朝所灭之后,其中一部,即塞尔柱朝的乌古思人,在8～11世纪中,迁徙至小亚细亚,同当地的突厥化的希腊人、波斯人、亚美尼亚人长期融合,形成土耳其人。12—13世纪,塞尔柱朝罗姆素丹国家与周边民族和国家的交往中,逐渐形成了奥斯曼—伊斯兰文明。古阿拉伯人称突厥人的领土为Turkiya。穆斯林一直将奥斯曼人称"罗姆人"(roman)。《明史》中称"鲁迷"。

欧洲人仿古阿拉伯人的Turkiya音义,用"土耳其"称居住在小亚细半岛一带的奥斯曼突厥人的国家。奥斯曼(Osman I,1282—1326年在位)时,国力强大,王朝及其后的帝国,遂以奥斯曼命名。19世纪后期,"土耳其"被奥斯曼党人引入本民族语言之中。1923年,在凯末尔革命以后,在推翻奥斯曼帝国之后,正式采用"土耳其"为国名。汉语习惯将土耳其的主体民族的自称"突厥",一并改译为"土耳其",以示与古代突厥人相区别。

伊斯兰教作为奥斯曼帝国的宗教诉求,在某种程度上掩盖了土耳其的民族历史。突厥语是阿尔泰语系之一,具有黏着语特点,有元音、辅单的和谐音,更有许多来自古汉语、梵语、古波斯语的借词。随着伊斯兰教的传入,阿拉伯语的借词趋多。这充分表明文明交往,特别是伊斯兰文明在交往中的作用。

二、由此,我想起在结构上要更完整、更醒目一些。这就是应仿照《中东国家通史》的结构,在每章之下,有"节"名,"节"下有大"目";在大"目"之下,还有小"目",以第五章为例,可做如下完善:

第五章　中东伊斯兰文明内外交往的历史转折

第一节　奥斯曼—伊斯兰文明的社会特征

奥斯曼—伊斯兰文明的崛起与伸张

奥斯曼民族的起源——奥斯曼—伊斯兰文明的崛起……

三、此小"目"应具体化，不妨多几个小"目"。其效果是：纲举而目更张，使读者从目录结构上，更清晰看到作者的学术理念和发展脉络，因而便于理解全局和整体知识体系。

四、本部分优点、新意颇多，对文明交往论多有发挥和具体进展，致使论述有不同旧的模式。根据具体的历史实际，从人类文明交往的内外两个方面和物质、精神、制度、生态四个领域，做出具体分析，尤为必要。本部分有些地方相当有创造性，如奥斯曼帝国的制度文明，就给人耳目一新的感觉。制度文明是一个文明兴衰成败的关键所在，是文明交往的时代结晶。它不但包括政治制度文明，而且包括经济、社会、文化诸多领域，法律、宗教政策也在其中。这一部分还需加强，使之更系统化。

五、由此，我也想起人类文明交往中的"金律"——文明交往互动规律。历史在交往互动中发展，交往互动无时、无事不在。不是良性互动，就是恶性互动，当然还有中性互动。互动作用总是双向的，或多向的。物质、精神、制度、生态之间也有互动在起作用。因此，细心的作者会发现这个"金律"是历史变化发展的终极动因。希望大家多关注它的作用。

六、本部分还有一个长处，即吸取了我们中东所的许多成果，包括许多博士论文的成果。这一点，使我感到特别高兴，它向学术界展示了我所的集体智慧。多吸收我所有关进展，是本书一大特色。望各作者在吸收国内外成果时，千万不要忘记"自我"。

七、页下注等等规范要按人民出版社的规定，以求一律，请各作者一并注意。

八、希望大家抓紧时间，写好、改好书稿。我在等待大家的佳音。

共颂著祺！

彭树智

2008 年 6 月 4 日早

2008 年 6 月 12 日来信

铁铮、民兴、丽英、志斌：

近来整理我的《两斋文明自觉论手记》，整理至《学问、学术的自觉》一卷，忽然发现《走向学科、学术自觉的〈中东史〉编写工作手记》。卒读之后，觉得有与诸位作者交流的必要。这是今年初所做的一则手记，随想随记，未成系统，但有一些想法，可能对写作有所帮助。现复印给你们，请参考。

前段中"两斋"者，西安悠得斋与北京松榆斋也。至于"手记"，我有《述意》诗云：

> 老来诸事减，
>
> 独不废手记。
>
> 日写千字文，
>
> 徜徉学海里。
>
> 悠斋虽云旧，
>
> 诗意得栖息。

此诗即记"手记"事，以示不敢懈怠，又有习惯使然而成。

彭树智

2008 年 6 月 12 日悠得斋

又及：

手记很草，为保持原状，未改写，从中可见当时我的思路及心态，希望从中得到启发。复印稿有不清楚处，请看后面谈。总之，在写作各部分中，多思考一些重点和关键问题，在叙述中体现思想。

2009 年 1 月 1 日来信

铁铮、民兴、丽英、志斌诸同志：

《中东史》已进入修改和定稿阶段，有几件事请考虑：

1. 图文并茂是本书特点之一。在收集图时,注意多样性,如图片之外的地图、照片、图画(甚至好的漫画、美术作品)、表(图表、统计);也注意收集历史上的战役、典籍原件照片、社会生活、会议、科技创造等等。关键之处是图与文的水乳交融、配合密切,或为文字的形象直观反映,或为文字的补充、引申。最为理想的图文并茂,应该是:文要清楚、简明、干净,图要朴实、美雅而有灵气。图要有中东地区特有的历史、文化神韵,给读者以时间感、空间感和人间感,以体现其物质、精神、制度、生态的地区生活境界。选用时注意版权(见"写作要求"),并加以精选。

2. 仔细编好各部分年表,把"区之大事"编入,力求反映概貌。

3. 参考书目按《中东国家通史》中英文规格处理。

4. 译文对照也列主要的人、地、专有名词,目的是供阅读时查阅。

5. 索引只提主题词,由出版社责编处理。作者只按中、外文格式排列即可。

6. 近读志斌写的几章,深感细节重要。因此,我建议我写的这份校对后的意见书第 3 页复印 3 份,供其他部分传阅。我感到在出书之前,要关注"细节决定成败"这一理念,在细微之处再下一番功夫。

请铁铮将我给志斌的信转给他,同时把 3 份复印件及本信(也复印 3 份)转给民兴、丽英、志斌,原稿由铁铮存用。

假期期间,还有烦劳各位作以上工作,谨表谢意。顺祝各位同志春节好,并且感谢各位同志家人的支持,祝贺春节。我在北京时刻惦念着你们。让我共同完成《中东史》,用它来迎接春节和 2009 年的努力耕耘而不言苦的"牛年"。

彭树智

2009 年 1 月 1 日于北京松榆斋

修改博士学位论文的八个问题①

在研究生教育中,学位论文的写作,是一个重要的环节。写作的过程,也是反复修改的过程;而修改工作,是一个教育训练的过程。尤其是博士学位论文的修改,更需精益求精、达到更高的学术水平。这中间有八个值得注意的问题。

一、博士研究生在读期间,最令人终生难忘的问题是什么?

这个问题是我受爱因斯坦下面一句话的启发而产生的。爱因斯坦说:"教育是当一个人忘记了在学校所学的一切东西之后,还在记忆中留下的东西。"研究生教育给博士生留下来、也就是最难忘的东西是什么? 我想,应该是他反复修改的学位论文中所锻炼的品德和品质。学位论文,这是博士研究生在人生学术生命生长点上成熟的标志性成果,其中所受的教育,是最应当珍惜的东西。博士研究生和硕士研究生在学术上的一个最重要的不同之处,在于一入学就要站在本研究领域的前沿上,选择好有开拓性的创新学位论文题目。三年博士生的研究生教育中,上承硕士的研究成果的连续性,下启博士生的新起点,从选题、开题报告、写初稿、二稿、答辩之后的完稿,是一个严谨的科学研究训练的长过程。它之所以令人铭记不忘,是因为这中间蕴藏着许多珍贵的教育元素,如人生观、价值观、历史观,如学术理想追求、如治学理念,以及理论思维能力、判断能力、科学鉴赏能力,特别是培养学术上独立思想、自主的气质和创造性的经验。这些植根于博士学位论文写作过程中的品德、品质,将伴随着论文作者的一生。因此,博士研究生应自觉地珍惜这一点。

二、博士研究生在科学研究训练过程中,要锻炼的最重要的东西是什么?

这个问题也是爱因斯坦启发之下产生的。他说:"大家以为造就一位伟大科学家的是智慧,你们错了。其实最重要的是品格。"何谓科学家的品格?

---

① 本文原载《中东研究》2013 年第 2 期。

法国艾芙·居里的《居里夫人传》总结了以下几条：①思想上坚定不移的性格；②智力方面锲而不舍的努力；③只知贡献而不谋索取或接受任何利益的牺牲精神；④尤其是成功时不骄傲、面临灾难不屈服得非常纯洁的灵魂。人的品格，首先是独立的人格，这是做人之本、树人之基、立人之根。造就科学家就要锻铸他的人品、关注他的道德品质和坚韧不拔的性格。品格要通过科学研究实践来锻炼的。研究生的学位论文写作实践，有硕士学位论文的潜在期、博士学位论文的浅度期和答辩之后的深度期。这三个相互联系又相互区别的时期，看似启智，实则是铸造人的品格。尤其是修改学位论文，实际上是写好"科学家"这个词的必经训练过程，也就是写好属于学者自己的这个具体"人"字。"人"字只有两画，一撇一捺，看似简单，写好却不容易，那是人的一生品格训练的事。研究生阶段，只是起步，而这个起步，是打基础的一步，要勤奋、严谨、求实、创新，一开始就要走出科学家的"路相"来。人走路要有抬头、挺胸、直腰的"走路之相"，治学也要有自己的品格，如同健康人的"路相"一样的特立独行的品格。

三、博士研究生在学位论文初稿完成后，应该首先要向自己提出这样的问题：原来设计要解决的问题，现在达到什么程度？

博士研究生论文修改问题，需要具体的个案研究，也需要把问题意识具体化，落实到每位研究生的个体论文之中。以博士学位论文《阿拉伯民族主义形成研究（1798—1918）——以西欧政治思想的影响为视角》为例，就应该思考在西方和阿拉伯世界之间的文明交往方面，有何新发现？有何新见解？有何新问题需要解决。提高学位论文的质量，其关键之处在于深究解决问题的程度。要解决问题，最需要分析问题的必要资料。薄弱的资料，是解决不了问题的；罗列资料，找不出资料之间的内部联系，也是解决不了问题的。资料不厚实之处，应当尽量再搜集、发掘，尤其是西欧政治思想中影响阿拉伯民族主义的典型资料，本文相当缺乏。无论是思想理论方面，特别是交往方面的影响资料，都有待大力补充、努力加强。博士学位论文不是一般的论文，在质量上理应有更高的要求。除了资料之外，理论上也要以围绕解决问题的程度上，下功夫细心修改，进一步加强问题意识。关于博士研究生的学位论文，我有《博士学位论文作者三层次说》（《两斋文明自觉论随笔》第 3 卷第 1169—1170 页），不再重复。在这里我要寄希望于作者的是：高处立，宽处行，深处思。修改工作中问题意识的强弱、细粗，都体现在高、宽、深这三点之上。制高点、宽广度、深入处把握得越好，论文质量越高，问题解决得越透彻，研究能力方面能有好的锻炼。

四、西欧政治思想的影响，在阿拉伯民族主义形成（1798—1918）中，究竟有何具体表现？

"影响"是人类文明交往的一个重要概念，值得用本研究课题加以具体化为若干方面之后，再上升为具体的理论性结论。"影响"是形象而富有哲理的交往关系。在中国文化典籍《书经》的《大禹谟·传》中，有"影之随形，响之随声"的话，讲清了"形""声"是影响所"随"的主体。《管子·任法》中，也有"响之应声""影之从形"这样阐释了"影"与"响"是"应""从"声与形之间的关系。我在《两斋自觉论随笔》第 1 卷第 45—46 页中，从"影响力"交往的角度，谈了"影响"的形与声的互动关系问题。影来自形，响源于音，见影向形，寻音投响。影响力其实是一种交往力。形影不离，音响相连，二者的关系既有本源交往，也有作用与反作用的互动。它表现于政治、经济、文化，也体现在民族、国家、地区，以思想而论，也有政治、经济、文化方面。政治思想方面也有很多内容。民族主义是一种政治思潮，本文要紧扣主题，不可泛泛而谈，而要细化到每一章每一节，分析其或多或少，或直接或间接的互动表现。分析得越细，说服力越强。当然是理论结合史实的分析，而不是抽象的论说。总之，要把"影响"具体化到西欧政治思想与阿拉伯民族主义之间的交往上。

五、阿拉伯民族主义为何要选择 1798—1918 年这段历史时期？

这是本论文最大的历史实际问题，修改论文应该做准确而清晰地说明。这个历史时期有何特征，与阿拉伯同期民族主义有何交往关联。它的起点和终点，它的发展阶段、转折、标志，它的代表人物和事件，有何历史发展和逻辑关系？这些问题要仔细思考一番，理清其间的影响的思想交往的主要线索。1798—1918 年这个历史实际是本论文的基本历史实际，从实际出发，首先要从这个历史实际出发，来思考西欧政治思想和阿拉伯民族主义问题之间的关系。二者究竟有何种交往，西欧政治思想给阿拉伯民族主义形成带来了何种影响，一定要有具体事实、具体表现和细致分析。当然，对此时期之前和之后，尤其是之后，也要指出背景和趋势、走向。这是基本历史观念所要求的，一定深入到这个历史时期中间去，熟悉它，理解它！1798—1918 年，阿拉伯一伊斯兰文明经历着一个怎样的发展阶段？也是要在修改中认真加以考虑的问题。只有如此，方能与同期西欧政治思想相对应、相联系，从而牢牢把握住本位、本体地位。

六、阿拉伯民族主义形成研究的课题，为何要以西欧政治思想的影响为视角？

这是在修改工作中要解决的文明交往理论问题。何谓理论？理论无非是关于事物内外联系和本质规律的揭示，无非是对主客体和内外因素交互作用的阐释，无非是发现问题、提出问题、分析问题和解决问题的理论化的结晶。民族主义是一种社会和政治思潮，政治性是其核心。本文第五章之所以特别薄弱，就在于对1798—1918年间西欧政治思想对阿拉伯民族主义影响这个问题，缺乏深入的理论思考。当然，这和你的理论水平和掌握的资料欠缺有直接关系。如果有较高的理论水平和厚实的资料，就有思考的广阔基础。在这里，资料是最重要的。即使思维能力欠缺，也由于有厚实的资料而具有史料价值，从而为深入思其间联系留下思考的理论空间。在进行再修改时，一定要多多搜集资料，多多益善，如有新资料的发现，那也是一大收获。资料、问题、理论，只有密切联系在一起，才有活力。文明交往的互动规律，是一般的规律，只作理论思考，而资料基础薄弱，那结论便只能是空洞的、抽象的，是不能说明任何问题的。必须在大量经过确实资料的具体问题具体分析中，才能从中总结出具体的特征，总结出具体的结论。视角如果缺乏必要的事实、资料，那就如同建立在沙滩上的大楼一样。因此要解决为何以西欧政治思想为视角，要从一般的概念深入到它和同期阿拉伯民族主义形成问题紧密结合起来，以厚实的资料为基础，经过反复思考、修改，得出自己的独立见解。这个见解要集中在西欧当时政治思想对阿拉伯民族主义的影响问题上，如何影响？通过何种渠道、有何种形态、达到何种程度，等等，都要仔细思考、理出头绪。

七、阿拉伯民族主义形成与现代民族主义问题之间有何源流关系？

这是论文修改工作中要解决的历史与现状联系问题。阿拉伯—伊斯兰传统政治思想是阿拉伯文明内在的思想资源，西欧政治思想是西方文明的外来思想资源。此种人类文明交往的内外交往，形成了近代和现代的阿拉伯民族主义。近现代东方民族主义的来源是欧洲，而被侵略的亚非阿拉伯民族，由于独立自强的内在需要，从欧洲学来了建立现代民族国家的思想——民族主义,并用它来反对外来侵略和复兴自己的文明。在人类文明交往史上,此种交往形态是"外源内合"的内外交往关系。"外源内合"是一个复杂而漫长的交往过程,1798—1918 年只是它的开始时期。法国拿破仑军队入侵埃及、穆罕默德·阿里改革、阿富汗尼的思想与行动、第一次世界大战的影响,无疑是文明交往的大事件,无疑是应当思考的源流问题。然而这是浮现在表面上的、人们易见的历史现象。从这些历史现象看本质,本文的任务是西欧政治思想的影响视角,往大一点看,是欧洲的视角,往这一点看是两次世界大战之间之后的变化。这里把源流关系放在历史、理论、现实三个实际基点上,去发现许多孕育和隐藏于其中的各种政治思想因素。这些因素成为日后欧洲政治思想影响的起点。写1798—1918 年,联系现实问题,追溯历史,站在历史的高处,展望未来,新见解、新的理论概括便会从中产生。我国学术界多么需要这些立于世界之林的大树乔木啊!对贯通古今中外的研究成果的产生,我们寄希望于青年一代学人。你们肩上的责任很大、任务也很光荣,当然,工作也特别艰巨。

八、修改学位论文工作中,一定不要忘记问自己:在论文中有多少"自得的真知灼见"?

写学位论文,一般多讲创新,即新材料、新方法、新观点。我把创新称为"自得的真知灼见"。这种自得之见是学人经过自己勤奋、严谨、求实、苦思之后,博采诸家之长而融为自己的独立思想见解。自得之见体现的是学术上的独立的主体精神。学位论文不能总停留在模仿的初级学习阶段,而要有自己探研中得到的独立主见。现在最大的问题不是一般的创新精神,而是缺乏固本创新的精神钙质。创新必须固本,要有综合精神的素质基础,要有学术上的主心骨。"自得之见"所体现的是学术研究上的独立思维,是反对亦步亦趋、人云亦云的独立思考品格。我对今日攻读学位的莘莘学子说,你们在写作学位论文的时候,应当记住宋代学者姜夔的诗句:"论文要得文中天,邯郸学步终不然。"(《送项平甫倅池阳》)邯郸学步的寓言是:战国时期,燕国寿陵的余子,到赵国邯郸去学一种步行的技能,但他只知一味模仿,亦步亦趋地毫无创造,不但没有学到赵国的这种国能,把自己原来步行的本能都忘得一干二净,结果是"直匍匐而归",简直是爬着回燕国的。这个寓言对当今在欧风美雨中跟着别人走、顺着别人说的没自己独立思考和独立主见的学者说来,不失为一剂清醒剂！对于写作、修改学位论文的博士研究生来说，这个寓言也是锻炼独立、自觉的学术品格的一个鉴戒。学贵自得，自得则自立。清代史学家全祖望的总结是："心明则本立"。这就是说，要有自知之明，要求得真知而明白的真知灼见。总之，自己心中要有主见，要博采众长、消化吸收，形成自己独立的见解，而不是"随声依响以苟同"和"浮虚剿袭之言"。治学中，应当如《礼记·中庸》中所讲："博学之，审问之，慎思之，明辨之，笃行之。"这五个"之"也是修改工作中最应注意的，也是学术自觉性的锻炼。可自得的真知灼见的质量，决定着学位论文的质量。

以上八个问题，虽然仅仅是论文写作、特别是修改中要思考的一些点滴，但贯穿了一个治学中的根本思维意识：问题意识。学术之道在学问。学问，学问，在学中问，在问中学，在学与问的互动中增长解决问题的知识准备、手段和功底。上面说，从历史、理论、现实三个实际出发，实质上是从这三个实际中的问题出发。没有问题意识，学位论文只能是泛泛而论，人云亦云。不仅是论文写作，整个研究生的学习都是围绕着问题进行。我在《两斋文明自觉论随笔》中提出"九何而问"的命题，即："何时？何地？何人？何事？何故？何果？何类？何向？何为"，这也完全适用于整个研究生教育中的问题意识培养。这是一个治学自觉的周期律：从问题始，以问题终，一个问题解决之后，又引发另一个新问题，问题不止，探研不已，由一个问题周期律，上升到更新的周期。"九何"不限于"九"，它只是说问题之多而人的认识有限，使治学者更谦虚、更宽容、更有自知之明。问题意识的标尺应定在本体论、认识论和价值论三点上。所论问题的本位何在，不能偏离；要解决的问题，要有明确的界限与表达；对应该解决或不能解决的问题，要留有思考余地。

前面所讲的"论文要得文中天"的"天"，实质上是治学的自觉性，是自得的真知灼见的自觉性。所谓的"天意君须会，人间有佳文"，所谓"黄河落天走东海，万里写入胸怀间"。英国埃克赛特大学的校训是"吾侪（我们）紧随光明"。这篇培养博士研究生工作笔记顺其义而以下箴言作结束："吾侪追随文明，自觉珍惜学术生命"。

彭树智

2012 年 5 月 15—19 日于北京松榆斋，发表时做了修改

师生情谊之歌——七旬寿宴答谢词①

彭树智

祝寿之事,本非所愿,诸生盛情,实难辞却。突闻此讯,思绪万千,夜不能寐,披衣而起,遂成此歌,以颂人类师生美好的情谊。

二〇〇一年,国庆月又圆。
十月六日晚,金秋开寿宴。
诚心致谢意,衷心祝平安!
我本平凡人,有幸执教鞭。
蓦然回首时,七旬似荏苒。
杏坛群贤至,桃李乐满园。
为答盛情意,权作老翁言:
师生关系真,学问薪火传;
师生关系善,心智润心田;
师生关系美,心灵爱人间;
师生关系好,珍惜勿污染;
师生关系深,如同亲情暖。
师生关系远,流长又源先。
西大中东所,兴旺我所盼。
学人共奋进,学派赖众建。
交往文明化,世纪谱新篇。

---

① 本诗载《西北大学报》2001 年 11 月 15 日第四版。

八十抒怀①

彭树智

各位领导、各位来宾、各位校友、各位同行：

现在正值盛夏酷暑，各位不辞辛劳，在百忙中拨冗莅临《文明交往与世界历史进程》学术讨论会。对此，我表示深切的敬意和衷心的欢迎！祝愿西安之行给你们留下美好的记忆！

在今天的会议上，我本来有许多话要说，然而，真的到了要说的时候，却一时不知从何处说起。

思来想去，我觉得在全国隆重纪念党成立 90 周年之际，此时此刻，最能表达自己心情的话是：首先要感谢党的领导和培养！其次要感谢老师的教育和朋友的帮助！要感谢学生的关心和爱护！

在这里，还要感谢同行和学生赠送给我的厚重而珍贵的礼物——《树人启智》文集。这是一件洋溢着人类真挚情谊的厚礼，又是一本各家专述的学术论文集。它把我带回过去的岁月，又使我回到当今的时代，和大家共同探索人类文明交往的未来。

我也有一件礼物回赠大家，这就是由中国社会科学出版社即将出版的《两斋文明自觉论随笔》。这是我近几年在西安、北京两地思考人类文明交往、文明自觉与世界历史进程问题的一本学术随笔。它是我在编写 13 卷本《中东国家通史》、4 卷本《世界史》的现代卷和当代卷，以及编写 1 卷本《中东史》的过程中，断断续续抽空写成的。它经过日积月累、连缀成书，最后统计，超过了 100 万字！我自己把它简称为悠得斋和松榆斋的"两斋学术

---

① 本文为彭先生在 2011 年 7 月 17—18 日中东研究所主办的"文明交往与世界历史进程"研讨会开幕式上的讲话，曾发表于《中东研究》2011 年第 2 期。

随笔"。

现在,让我先把这本学术随笔序言结尾的《两斋诗》,奉献给与会的各位同志。这首诗是:

长相思,在长安。长安悠斋虽云旧,诗意治学伴暮年。

长相忆,在京华。京华松榆做京隐,文明自觉观天下。

不改笔耕乐,未泯育才规,两斋两地候鸟飞。八十皓翁未懈怠,百万随笔留余晖。

此外,在《两斋文明自觉论随笔》成书之后,我继续写另一本学术随笔,书名为《烛照文明集》。这本书的书名来自我国春秋时期晋国音乐家师旷的治学名句:"少而好学,如日出之阳;壮而好学,如日中之光;老而好学,如秉烛之明。"这是一个有关人生自我身心文明交往的自觉的终身学习主题。它客观地承认人生年龄段的少、壮、老差异,在生理之变中坚持了行动中"好学"之不变主旨;它又以人生学习的爱好、兴趣、乐趣与大自然中的阳、光、明相辉映,物我合一,融化为人类"好学"的整体。这段话可谓治学有道的文明自觉名言。我的"烛照文明集"以好学之志,发微弱之音,如师旷所言,用老年的"秉烛之明",关注人类文明交往前景。我只希望在点亮的烛心上,再结一些烛花,发挥自己的一点光和热。

唐代诗人白居易用"行开第八秩,可谓尽天年"的诗句,来形容老年的心态。秩,意思是十年。我今年正好进入自己人生的第八个十年。人生八十岁以月计时,九十以日计时。老壮不可依赖,老衰才是自然生理规律。八十岁的我,已有头晕腿酸病兆,所幸眼手还好,仍可写小楷字,每日几百字到千把字,将自己对生命的感悟注入笔端,常常享受手脑互动的乐趣,体味汉字的艺术魅力。我感到:人到老年,必须顺应自然规律,而健康心态显得比中青年更为重要。由此出发,我有三点体会:第一,知足知不足训语:"尽责知足,尽力知足,尽心知足"和"学习知不足,学问知不足,学思知不足。"第二,有为有不为诫语:"为真求知,为善从事,为美养心"和"不为名缰,不为利锁,不为位囚。"第三,文明交往20字话语:"知物之明,知人之明,自知之明,交往自觉,全球文明。"

在座的大多数学人是"日中之光"和"日出之阳"的中青年。我作为老年,愿与大家一起用上面的训语、诫语和话语共勉。我将以"烛照之明"的坚定不移、坚持不懈和坚守不乱的"好学"精神,跟上时代前进的步伐,继续为社会做一些有益的事。

　　谢谢大家!再谢谢大家!

送别王军(六句七言体)

彭树智

春节犹听越洋话,
五月人逝温哥华。
润民别时花正红,①
今是白发送华发。
白云悠悠飘枫叶,
万里游魂应归家!

【说明】

2018 年 5 月 25 日,得知旅居加拿大学生王军不幸逝世。知命之年,患不治之症,令人唏嘘不已。他是我的硕士研究生,毕业后有意深造,报考我的博士研究生,因考题泄露,几位应试者均取消成绩。此事王军并不知晓,当时形势所致,我也不便告知。但这对王军确实不公。去年想起必须告知,说明真相,等待今年王军回国,办妥此事。不料他突然离去永别,令我遗憾终身! 又思及改革开放初期,有研究生张润民当年不幸事,今又有另一位研究生先我而去,谨以此短诗遥致哀悼! 哀哉! 痛哉! 伤逝! 悲逝!

---

① 张润民,我的博士研究生,在云南大学西南亚研究所工作,未完成博士研究生学业而早逝。我有《哀润民》诗,其中有"白发人送黑发人"之句。他的早逝,为陆机《逝赋》中所说的"夙殒",令人遗憾。

课程赠语

彭树智

公正做事，
诚信待人。
勤奋治学，
朴实处事。
博学创新，
士贵自得。
情系文明，
趣在交往。

注：此诗是彭先生 2006 年给博士生上文明交往论课程结课时写在黑板上的。这是一首藏头诗，每句诗的第一个字连起来是"公诚勤朴，博士情趣"。其中"公诚勤朴"是 2002 年西北大学百年校庆筹备委员会确定的西北大学校训，系恢复 1938 年西北联大所题校训。

写字如刻字的创意

我写的汉字体,不像画字、描字,而是刻字,如一个"刻字工匠"。刻,是一个比喻。《释器》:"金谓之镂,木谓之刻。"刻,又和刀相关。刀、笔,都是书写的工具。古代记事,最早是用刀刻于龟甲或竹木简牍上。有笔以后,用笔写于简帛上。所以,"刀笔"合称。我写字多用硬笔,颇似刀刻,常屏息运气,聚眼力、心思于笔端,确有写意静潜情怀在其中,成为毕生追求的创新。①

读《战国策·赵二》的"写意"条,初,对宋代鲍彪注中所说的"写,犹宣"不解。何谓"宣"?后在我"刻字"精雕细刻过程中,体会到:"宣"即宣扬、宣泄、宣传、传布、发表,即文明交往中传承、传播以文字的表达方式,是发之于心、行之于手、见之于笔的交往手段。《诗·大雅》:"四国于蕃,四方于宣。"《国语·周》:"歌以咏之,匏以宣之。"这里的"宣"字既表达文以载道、史以明道、哲以论道的理性色彩,又有舒心抒情的感情表达,颇有诗意色彩。我体会到:"刻字体"书写,是一种深刻有劲的功夫,是一种刻峭清丽的风格,也是直书中正的史笔。写字如刻,这是王铁铮对我硬笔书体的准确评语。

有三句古诗言"刻"的意境:①唐代韩偓《妬媒》:"已嫌刻蜡春宵短,最恨鸣珂晓鼓催。"②宋代华镇《从玉山》:"分知方外学屠龙,不及人间谋刻鹄。"③清代吴伟业《西泠闺咏》:"宝珠补屋花应满,刻烛成篇锦不如。"

可见,刻意是刻字体的专心一意,如南朝刘勰《文心雕龙》所说:"刻意学文",倾心贯注的"通变"之学是也。

左画,"且上青云",是童心向上的赤子之心。让刻字返老还童吧!

刻字见《京隐述作集》(一)第一五八页。右文为专刊稿"掌文日书"中之

---

① 唐代刘知几《史通·因习》:"夫事有贸迁而言无变革,此所谓胶柱而调瑟,刻舟以求剑也。"写自如治学,不能拘泥成法而不思创新创造。

一节。

"且上青云"令人想起写字如刻镂,乃细功活。刘勰把"神思方运"与"刻镂无形"联系为细致之刻镂。明代薛西原少年"刻镂于诗,世绝喜其工。"清代袁枚对曹淡泉"一夕春风燠,吹红上海(裳)〔棠〕"欣赏而"刻意为诗"则为专心致志。

又及,请铁铮以此作赠书书签。
赠铁铮《京隐述作集》,附此文、此画,以共欣赏。

彭树智
2021 年 5 月 28 日北京松榆斋

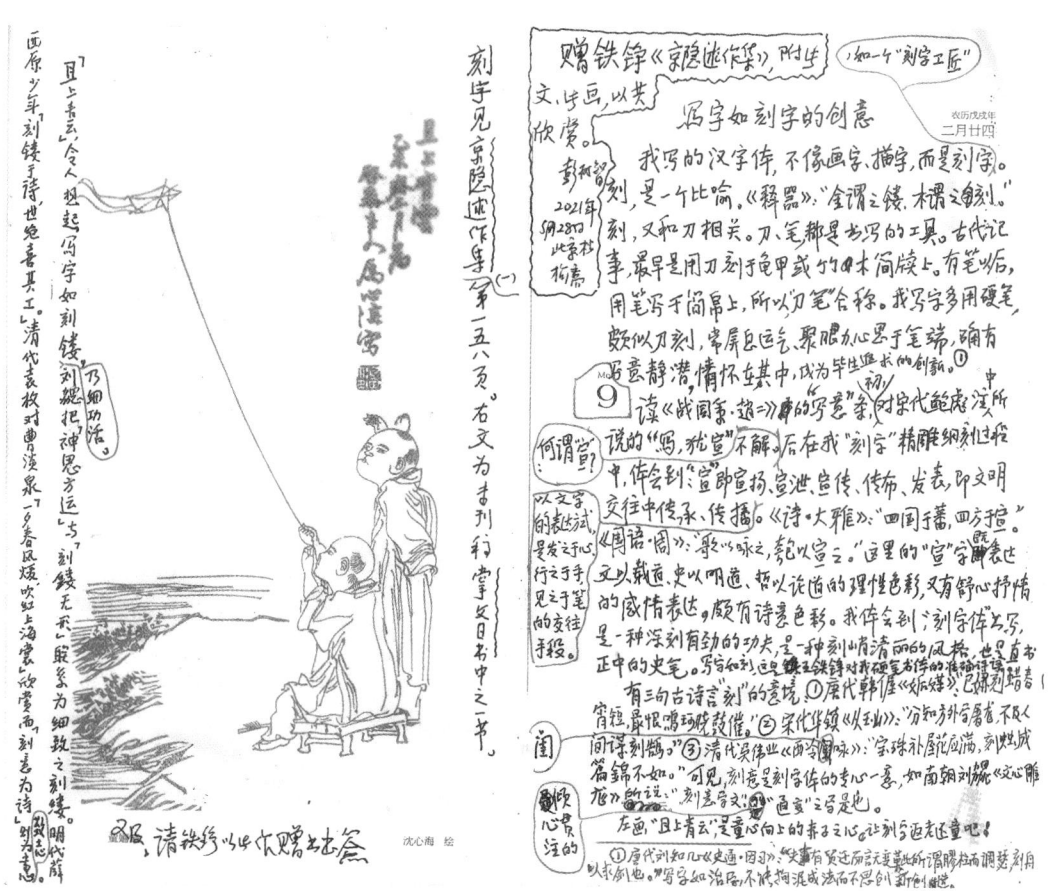

沈心甫 绘